U0813588

尽善尽美　弗求弗迪

The Management Book

管理书

[英] 理查德·牛顿（Richard Newton）著　康青　译

電子工業出版社
Publishing House of Electronics Industry
北京·BEIJING

图书在版编目（CIP）数据

管理书 /（英）牛顿（Newton,R.）著；康青译. —北京：电子工业出版社，2015.7
书名原文：The management book
ISBN 978-7-121-25971-5

Ⅰ.①管… Ⅱ.①牛… ②康… Ⅲ.①管理学 Ⅳ.①C93

中国版本图书馆CIP数据核字（2015）第089321号

责任编辑：周宏敏　　文字编辑：韩　蕾
印　　刷：三河市鑫金马印装有限公司
装　　订：三河市鑫金马印装有限公司
出版发行：电子工业出版社
　　　　　北京市海淀区万寿路173信箱　邮编：100036
开　　本：720×1000　1/16　印张：14　字数：268.8千字
版　　次：2015 年 7 月第 1 版
印　　次：2016 年 5 月第 2 次印刷
定　　价：35.00元

凡所购买电子工业出版社图书有缺损问题，请向购买书店调换。若书店售缺，请与本社发行部联系，联系及邮购电话：（010）88254888。
质量投诉请发邮件至zlts@phei.com.cn，盗版侵权举报请发邮件至dbqq@phei.com.cn。
服务热线：（010）88258888。

序

我在着手撰写本书时，希望呈现给读者一本与众不同且富有裨益的管理书籍。然而，鉴于市面上拥有琳琅满目的管理类书籍，这并不是件易事。我规避了多数管理类作者写作的套路，并且非常有幸地创造了一个关于管理学的有趣的、独特的视角。这种视角将有助于管理者准确定位，扮演好自己的角色，使管理工作卓有成效。

为了帮助读者快捷获得有益的信息，我以简单易懂的形式精心设计了本书的架构：全书共设9大主题，由36篇文章组成。这些文章覆盖了管理领域的诸多问题和关注点。读者可以从头至尾阅读，也可以从中选择任何一篇进行深度阅读。

我想揭示我们对管理学的假设。在管理思维中存在诸多未受质疑但往往不合理的假设。这些假设阻碍了我们的绩效和目标的实现。通过揭示这些假设，我们可以检验它们，然后决定是否接受它们、改进它们或摒弃它们。

管理应该是商业思维的核心，但事实上，管理者通常扮演了企业经营中的无名英雄。在商业写作和文献中，比较多的话题是领导力、获得授权的员工及自愿协作式参与的网络现象等。我并不怀疑这些话题的价值，但存在这样一种倾向，即对这些话题的关注正逐渐将管理挤出门外。更糟糕的是，管理者常常成为公司问题的罪魁祸首。“中层管理者”这一表述已成为组织中滥用职权的代名词了。

管理不善是许多企业失败的原因，每个成功的企业必定有赖于完善的管理。没有管理者，即便获得授权的员工也会因为缺乏足够的指导而迷失方向。所有领导者都是管理者，协作式参与有其局限性，它也需要一定形式的管理。

我们忽视了管理对于公司的核心作用，以及团队对管理者角色的重要性。类似领导力的话题很重要，在过去几十年中，对这方面的思考是非常有益的，但与此同时有一个事实被忽略了，即领导者并非从天而降。领导力固然重要，但它只是管理者角色的一部分。

管理的特点已发生改变，并还将继续改变。这就需要我们将注意力聚焦在不同技能和能力的培养和提升上。对企业而言，无论现在还是将来，管理始终至关重要。本书将有助于你不断掌握最新技能，使你无论从事哪个行业，都能游刃有余。

PREFACE 前言

管理并不是一个总是令人激动的话题。这似乎不合情理，因为管理对企业来说是那么的关键。成功的企业也许是依靠创造力与创新力而兴旺发达，但一定是基于完善的管理提升了这些企业的效能和效率。可以肯定，企业一旦失败，所有的矛头都会指向糟糕的管理。也许我们并不在意管理，因为我们总爱想当然。管理不善的例子比比皆是，我们原本不应如此。更重要的是，管理正发生着改变，而且随着企业和社会的演进，管理还将继续发生改变。

那么，什么是管理呢？无论何种情形，管理就是管理者管理一个团队去完成任务。如果任务并不复杂，或者规模比较大，或者专业化程度比较高的话，就不需要组建团队。如果没有团队，也就不需要管理者。然而，许多任务需要团队来完成，那么这些团队就需要管理者。这也正是本书要着重讨论的方面：管理团队在完成任务中的管理者角色。

企业中团队的任务及完成任务的方式千差万别，其差别很大以至于很难从一般意义上去讨论管理这个话题。管理取决于情境，管理能力不是通过读几本书、听几门课就能掌握的，而是通过经验习得的。

本书将如何正确决策作为切入点，帮助你探索并了解自己的处境，同时剖析管理者们所做的决策，以及他们选择不同方法的意义所在。

本书内容

本书的内容经过精心挑选和组织，试图以全新的视角来诠释管理的本质。通过探寻有关管理理念和管理行为的基本假设，并剖析它们，挑战它们。我认为这正是我们还做得远远不够的方面。

本书本着实事求是的态度看待管理。有些关于管理的内容并非所有人都会感兴趣，但通过以开放的心态看待它们，你就能确定如何正确地面对它们，而如果管理是你职业追求的方向，那就更应如此。

本书结构

本书共设九篇，每篇阐述一个重要的管理主题。每篇又分为四节，每个章节主题各异，当这些章节结合在一起时，能为读者提供各主题的一个全面的诠释。这些章节串连在一起构成了管理的全貌，同时它们又是相对独立的，所以读者可以任意选读书中任何章节。

书中各章节短小精悍，通俗易懂。为了方便运用，这些章节都以相同的结构呈现。

如何使用本书

在此介绍两种阅读本书的方法，希望对你都有所帮助。

■ 通读本书以获得对管理的整体认识。本书各篇遵循一个大致的逻辑顺序，即第一篇阐述了管理的基本概念，逐渐过渡到较为深奥、复杂的管理议题。文章之间均设有互相参照的内容以有助于你认识到管理的复杂性、灵活性和多元性。

■ 选择对你有用的章节进行阅读。每小节自成体系，可以抽出来单独阅读。你也可以将此书作为参考资料，随时拿来阅读。真诚希望你会十分青睐此书。

CONTENTS
目 录

Chapter❷ 不完美的上司 052

Chapter❸ 网络思维，而非层级思维 058

Chapter❹ 创建你的角色 063

第四篇 工作团队 068

Chapter❶ 步调一致 069

Chapter❷ 切分蛋糕 075

第一篇　你，一名管理者?

这一篇主要是针对那些考虑成为一名管理者或最近刚成为管理者的读者。已经有较丰富经验的管理者可以从本篇的第四节开始看起。

本书第一篇阐释了一些管理的基础要素。它将帮助你回答类似这样一些问题：管理究竟是什么？如何提高对管理的理解？成为一名管理者是一个适合你的职业选择吗？对于这些问题答案很大程度上具有主观性，是因人而异的。通过阅读本篇内容，你会更好地自己解答这些问题。

事实上，大部分初次从事管理工作的人们对于“管理”的含义充其量不过是一个模糊的概念，他们会被一些有关管理的悖论、错误概念以及各种各样的假设所影响。前三小节主要围绕管理界的大悖论展开讨论，同时澄清和挑战几个常见的有关管理的基本假设。

第四节考察了你看待管理角色的不同方法，因为你对角色的不同看法会影响你的行为及你的行为方式。

Chapter ❶ 意外的管理者

◆ 关于什么？为何重要？

人们为什么会成为管理者？

一些人成为管理者是通过深思熟虑的，即是一种知情选择。但对于大多数人来说，除了希望职业晋升的一般愿望，成为一名管理者通常是一种不知情的选择。他们还没有对管理者的工作充分理解就被授予了这份工作，然后就接受并突然开始从事这份工作。

在某种程度上，这是不可避免的。有些事情，在没有尝试之前是无法完全理解的，管理就是这样。当我们尝试新事物时，我们喜欢循序渐进，类似于先将脚趾踩在浅水区，然后慢慢向深水走去。遗憾的是，对于管理而言，没有所谓的浅水区。人们发现，成为管理者的最初阶段是颇具挑战性的。

这并非在强调人们从事管理工作会变得偏执或紧张。大多数人都成功地度过了最初阶段而顺利进入了更深的领域。但是有一些办法可以帮助你做出一个更“知情”的决定，可以帮助你更容易地进入这一职业。

◆ 管理者的目标

■ 在做出是否成为一名管理者的决定时，要实事求是，更加深思熟虑。

■ 对自己的未来角色有一个明智的、切实的预期。

实现目标过程中的常见问题

■ 许多对于管理的理解只能来自经验，无法从课本中学到也无法在课堂上教授。

■ 成为一名管理者在现实和预期之间是存在差异的。这会带来失望感和角色分离。

◆ 管理指南

为什么你选择成为一名管理者作为自己的职业？这是你宏大职业规划中的一个逻辑步骤吗？这是因为你把它看作是获得成功和财富的机会吗？或者仅仅是因为有更高职位的某个人让你接受这份管理职位？所有这些问题可以归结成以下两个更一般的问题：

你知道自己想从工作中得到什么吗？

你认为管理工作能够提供你想要的东西，还是提供你想要的东西的途径？

如果你够诚实，除了谋生，你对第一个问题的回答通常是“不知道”，而对于第二个问题的反应是“我不确定”。那这就不是你开始职业生涯的理想方式。

然而，很多人认为管理工作是成功和幸福的职业。尽管管理一直在变化并且将会继续变化，但是无论是当今还是未来，它都将是企业的关键。管理依然是一个颇具吸引力的长期职业，尽管这一职业与几十年前大不相同，并且毫无疑问，与未来的也会大不一样。好机会并不每天都有，成为一名管理者的机会就是一个好机会。如果有人向你提供一份管理者的工作，我的建议是你应该认真考虑，除非有非常充分的理由，否则不要拒绝。

然而，如果说每个人都喜欢管理或想成为一名成功的管理者，那有些夸张。这也包括那些在他们当前职位上做得很出色的人。很多人惊讶于成为一名管理者的真正含义，并且对其与之前的工作太过不同而感到震惊。所以，在你接受任命之前，一定要认真考虑。永远不要觉得自己没有选择。你永远可以选择是否要接受这一任命。问问你自己：你是一名管理者的合适人选吗，管理工作适合你吗？

我并不是想要给你一个完美的先见之明，这样的事情是不存在的。事实上，只有当你真正从事了管理工作，你才可能真正理解管理工作以及作为一名管理者究竟会是什么样子。大多数人并不真正知道管理者要做什么，只是与其他管理者做着相同的事情。但是不同管理者所从事的工作实际上是有很大不同的。那么，你应该怎么做呢？

◆ 为成为管理者做好准备

你可以阅读一些类似于本书的书籍。你可以去参加课程培训，特别是那些可以提供讨论机会的课程。但这只能提供部分的帮助。如果你可以观察一些实际的管理者工作并与其交流会更好一些。最好是能够有机会跟在一名管理者身边，形影不离，模仿其行为。如果你愿意，这是很值得做的事情。

在与管理者的交谈过程中，你会发现一些人踌躇满志，而许多人则都比较淡定——这只是工作而已。但是，如果你听到有些人对工作讥讽时也别太惊讶，身边总会有愤世嫉俗者。要记住你并不是要了解他们怎样看待自己的工作。你需要知道的是他们的工作需要什么，由此你可以决定自己是否会喜欢这份工作。

另外，最重要的是，你应该要有自知之明。在生活中你真正想要的是什么？它与成为一名管理者是否一致？

被提供的工作

到目前为止我谈论的问题都是相对来说比较笼统概括的。尽管你现在并未从事任何管理工作。但你会被提供一份具体的管理者工作，这份工作具有其自身的挑战和机会。为了帮助你了解这份工作是否适合你，请考虑下列问题。

- 这个职位需要些什么？它将用到你现在拥有或想要开发的技能吗？
- 这份工作要求你接受的条件是什么？你准备好要接受这些条件吗？
- 这个职位所在的文化和环境是怎样的？在这样的文化和环境中你可以很好地进步和成长吗？
- 你将得到怎样的资源？你认为该工作适合你到什么程度？
- 为什么会存在这样一个机会？这是一个新的职位，还是你接手了别人的团队？这意味着什么？
- 如果你是接手了别人的团队：会有什么样的挑战？前任管理者发生了什么？这些意味着什么？

如果你不仅是对这份工作感兴趣，而且在意较长时期的职业生涯发展，那么你还需要考虑工作的其他重要方面，以下三个领域尤其重要。

- 学习：有些东西学了有用，有些东西学了用处不大，但总体来说，你学得越多，你就变得越有价值。你的职业寿命取决于你学习新东西的能力及你所获得学习的机会。这份职业可以提供学习机会吗？你可以得到提升吗？
- 机会：这份工作可以作为职位晋升的踏板吗？在你从事一份新工作的第一天你可能不会想到晋升问题，但如果你想在职业生涯中不断进步的话，是值得在最开始就思考这一问题的。
- “曝光率”：除非有人决定提拔你，否则你不会得到晋升。要想得到晋升你必须要使那些有能力和意愿提拔你的高层管理者认识你、了解你。这份工作可以有充分的机会见到重要的利益相关者吗？

另外一件需要考虑的事情是，管理者这个角色是会变化的。无论这个角色现在怎样，十年或者二十年后，它不会一成不变。你的职业生涯会向前发展，企业的需求也会改变。例如，我的职业生涯开始于一家制造一种现在不复存在、当时赚钱的日用品（相机所用的胶卷）公司，我是在一个现在已经无人使用的技术平台做专家，这个公司的组织结构也几乎已经不存在了（所有的东西都是在一个地方进行内部生产，现在已经全球外包了）。我无法预期会发生什么，但我确信在你的职业生涯中也会发生重大的改变。

◆ 开始管理生涯

有关管理者角色的完备信息是不存在的，而完美的管理者角色估计也是不存在的。你通常需要在一定程度上做出妥协。迟早你都会迈出这一步——从事一份管理工作。如果你想投入这个角色，建议越早越好。

当你开始管理职业生涯时，会是怎样的？一开始，你会觉得无所适从，备感压力。一些人在新角色的开始几天、几周和几个月摔倒在第一道槛，从此一蹶不振。你需要将第一次从事管理工作和长期从事管理工作的经验区分开来。当你第一次成为管理者时，就要做好迎接各种挑战的准备。

安慰你自己，每个人都会经历这个阶段，它不会永远都这样。通常，在压力下，你会以最快的方式学会最重要的技能和教训。这看似是微不足道的补偿，但这是对你最初的压力和紧张的非常重要的回报。

做好心理准备，事情不会像你预期的那样发展。努力获取大量的反馈。如果你正在做的事情没有像你预期的那样有效，要敢于去尝试不同的事情。不断地吸引你上司的注意力。她对你正在做的事情满意吗？她是否给你建议和提示？你是否在做正确的事？观察和你做着类似工作的同事，尤其是工作出色的那些，他们是如何取得成功的？如果你去探寻的话，便可以获得很多相关信息。

跟你的家人和朋友打好预防针，告诉他们你最近几个月压力很大，与他们的联系会比平时少。请求他们的支持和理解。

如果你是个很有抱负的人或充满了竞争力，你会怎么样？在职业生涯开始时，尝试跳跃几个台阶直接升到最高的职位颇具诱惑力。但是你不要忘记对大多数人来说职业生涯意味着40年以上的工作。有时直达最高层并不是最佳方式。龟兔赛跑时，兔子并不总会赢得比赛，可能因为筋疲力尽而被乌龟超越，乌龟反而会取得更长远的成功。我并不是说不要雄心勃勃或放弃追求人生中只有一次的机会。但是不要假定那是最好的选择，并且如果你没能得到这个机会，也不要认为你会永远不能赶超那些已经获得这种飞跃机会的人。

如果这不起作用怎么办？不要过快下结论说管理工作不适合你。刚开始时，这项工作会看起来要求很高、很困难，但是随着时间的推移它会变得容易一些。如果几个月或几年之后，它还没有变得更加清晰容易，那就该重新思考是否适合的问题了。

若存在以下情况，需更加努力

- 你仍然不确定管理工作是否适合你。记住——有时候你不得不在信息有限的情况下做出选择。

◆ 管理者备忘录

- 在接受管理者角色前明确相关信息：管理工作是否适合你？这一特定的管理角色是否适合你？
- 如果一开始的工作很具挑战性，不要担忧。每个人都会经历这一过程。把它看作一个快速学习的机会。

Chapter 2
管理者的工作

◆ 关于什么？为何重要？

管理者都做些什么？你应该做些什么？这些问题看似简单，但回答起来却是出奇的难。

要选择一个你擅长且喜欢的工作，你需要清楚你要从事的究竟是什么。遗憾的是，对于大多数人来说，他们并不清楚成为一名管理者真正的意义。管理者工作列表似乎可以提供相关答案，但它很有限。每一个管理角色都是独特的，而你也是独特的。真正的答案是，你需要认识到自己如何才能充分理解属于你自己的管理角色并保持这种理解。

◆ 管理者的目标

■ 对新的管理角色抱有比较现实的期望。

■ 寻找一种探索、发现和创造适合你的管理角色的途径。

■ 明确你需要扮演的成功角色。

实现目标过程中的常见问题

- 新上任的管理者并不清晰了解管理者的含义和责任。当工作开始时，他们经常会感到惊讶和紧张。通常，这只是暂时的状态，但对于有些管理者，这会导致幻灭和失望。
- 通常管理升迁依据的是过去的绩效。但是，管理角色与你之前的角色相比，它涵盖了不同的活动和不同的技能要求。
- 管理者需要定期改变角色或工作，即使是有经验的管理者也会对新角色感到压力。

◆ 管理指南

很久以前，管理是件很简单的事。管理者就是老板，他通常是企业的所有者。他说什么就是什么。

老板拥有权力。他制定规则，然后工人们按照他的吩咐执行。管理者一直都指挥着同一批工人，直到他们退休或逝去。谁的学历高谁就当老板，而在当时鲜有高学历的老板——更别提涉及如何成为管理者或如何运营企业方面的培训了。如果你问任何一个人过去的老板都做些什么，他准会给出与上述一样的答案。

然而，这只是我们的印象而已。那样的管理显然存在许多弊端，但有一点很清楚，即管理者做了什么。一些人，通常那些从未在企业中工作过的人，仍然认为事实就是如此。其实不然。真实的生活不断地在发生变化，现代管理与上述印象已大不相同了。

那么，现在是怎样的情形呢？管理者几乎都不是企业的所有者——如果他/她是的话，这很有可能是一家规模非常小的公司。工人们不只是要做管理者告诉他们的事情。管理者的权力有限，他们必须通过影响力来完成任务。员工较之管理者具有更加丰富的经验，更加明确他们作为专家的角色。尽管有例外，但是管理者的任期最多是几年时间，有时更短。管理者可能拥有学位，甚至可能是商科学位——但是可能所有的员工也都有。并且，我们不再将员工称为“工人”了！如果你问一些人，管理者在做什么——你会得到许多不同的答案。

“管理者”这个表述是指众多不同的角色，所以很难用这个表述去定义某个角色或某个工作头衔。多数情况下，拥有“管理者”头衔的人需要扮演管理者的角色，有些则不然。“管理者”头衔是一个受人尊敬的标签，拥有这一头衔的人不需要履行管理责任，比如一些老员工。另外，并不是扮演管理者角色的人就有这一头衔。他们会有一些其他的称谓，如团队领导、部门领导或部门经理等。本书针对的是履行管理职责的人，而不是那些仅仅拥有“管理者”头衔的人。

鉴于“管理者”一词涉及诸多角色，那么所有管理者的工作是否具有共同的特点呢？哲学家Wittgenstein认为词语均具有同类相似性（family resemblance），即词语是指具有一系列重叠的相似性关联在一起的东西，而不是一个基本的共同特征。“管理者”这个词似乎也属于该范畴。然而，我们还是可以指出一些对于管理者来说，就算不是普遍的，最起码也是共有的特征。

管理者受聘的目的不是去完成自己的目标，而是通过组织中的其他资源来完成组织的目标。此处“其他资源”是指团队成员，即管理者管理的团队。当然，管理者也有需要做的事情，例如决定谁做什么事、帮助他的团队成员、做预算等。但这些只是管理的手段而不是目的或结果。

从历史上看，管理职位本身就被赋予了管理者权利，以指导团队完成任务。某种程度上，这种情况依然存在，但这种模式越来越不可行，因为：

现代社会的团队成员拥有技能、拥有知识、拥有思想且流动性大。他们有很高期望而且善于表达自己的观点。员工并不喜欢只是被命令着去做事。员工需要被激励、被影响、被说服去完成自己的工作——并且希望参与管理决策。

管理者往往需要负责跨部门的工作。这就需要管理者对某个人际网络进行管理——其中许多人并不受管理者的直接管辖。有些人甚至不和他任职于同一组织。在这种情境下，构建人脉、影响力和政治技能等都是十分重要的。

对于管理者的评估方式会变得尤为复杂、主观、模糊且易变。

根据不同情形，管理者还会做大量其他工作。例如，有些管理者会承担团队中的一些事务：担任主题专家、管控行政事务（如预算、人力资源）、检查进度、为其上司办事等。管理者需要吸引、鼓励和激励员工，管理者负责沟通和领导，管理者需要寻找资源，并且营造一个有利于团队工作的环境等。管理者要做的事还有许许多多。事实上，现代管理者面临的两大挑战是：

■ 明确列表上要做的事情的意义。

■ 确定如何在有限的时间内安排合适的工作。

对于大多数人来说，管理者通常做什么与他们并没有太大关系，有关系的是对“在我具体的管理角色中，我需要做什么”这个问题的回答。一个毫无意义但却坦诚的回答是——这要视具体情形。接下来的问题是：“我该如何去发现这些具体情形呢？”

你可以通过以下渠道了解有关你角色的信息。例如：

工作说明书：大多数组织会提供工作说明书。它们提供了有用的对于相关角色的说明。但是它们很少是完整的，而且是静态的，而管理者的角色是动态的、变化的。

职能框架：许多组织通过界定管理者职能来制定工作规范。这是有益的，但是它们更多地告诉你，你的工作是怎样被评估的，而不是你该如何工作。

你的上司：一个不错的信息来源就是直接去问你的上司。但是众所周知的是上司往往前后不一。他们提供给你的信息会和他们真正要求的相矛盾。

同事：你的同事也是获取角色信息的一种渠道。他们的观点很有价值，但也仅仅是看法而已。因为他们并不从事你的工作。

观察：一个增进理解的好办法就是观察管理者在做些什么（相对于他们所说的他们实际做了什么）。观察成功的管理者是非常有益的。有时候你会获得跟着一位管理者学习的机会。如果你得到了这样的机会，就紧紧抓住。

然而，上述这些信息的来源充其量是对管理角色的部分描述。它们是一幅拼图的碎片，你需要谨慎对待所有这些信息。有关管理角色的信息来源是不完整的，有时候是错误的。如果你问人们所做的事是否与他们的工作规范相匹配——答案通常是：在我接手工作的两年前是，但现在不匹配了。

你的角色需要你去探索和发现。从某种程度讲，是你创造了你自己的管理角色。

在现实中，如果不实实在在地工作过一段时间，你不可能全面理解你的角色。在你体验角色的过程中，你必须增进自己对“这个角色需要什么、什么最重要”的理解。重要的是，随着时间的推移，你的工作会自然而然地发生变化。要成功地做好一名管理者，你必须有意识地去观察、去倾听、去学习、去监督自己的工作表现，并且定期收集反馈。这个过程带有实验性，需要反复试验。这就需要你具有较强的适应能力。

本书的主要目标之一是帮助你理解管理者的角色。这在第二篇和第三篇会具体展开。

现在，读者可能会问，既然只有在你真正从事管理工作后才能全面了解你的角色，你又怎么确定该角色是否适合你呢？这或许就是管理工作的本质。你可以认为这是不幸的、不舒适的或者是个麻烦。相反，你也可以认为这是积极的、令人兴奋的、充满挑战的、能为自己塑造角色提供机会的。

若存在以下情况，需更加努力

- 你不知道管理者做什么，你也许会专注于做对的事，而忽略了重要的事。或许你会优先做其他角色中的次要的事。
- 你不会根据你角色的变动而做出改变，或者当需求发生变化时，你不会重新安排工作顺序。

◆ 管理者备忘录

- 管理没有统一的定义。管理者扮演众多角色。有许多信息来源，例如工作说明书，有助于你了解有关管理角色的大概情况。这些信息需要被谨慎对待，因为它们是不完整的甚至是错误的。
- 当你接手一个新角色时，无论你事先了解多少，只有当你真正体验了一段时间，你才能全面了解该角色。你必须探索、发现并且创造出自己作为管理者的角色。
- 为了胜任好管理者角色，你必须监督自己的工作表现，定期收集反馈、定期改进，完善自己作为一名管理者的行为。

Chapter 3
成功、幸福与管理生涯

◆ 关于什么？为何重要？

在许多有关管理的书籍、课程和讨论中，都有一条不成文的假设。该假设值得我们探究。它分为两个部分：

只要你是一名优秀的管理者，你就会有一个成功的职业生涯。

如果你是成功的，那么你会是幸福的。

这些说法对于一些管理者来说的确如此。但更宽泛地来讲，它们绝对是错误的。然而，尽管众所周知这种说法是错误的，但人们往往还会那样去推断。因此这些说法存在较高的误导性。

◆ 管理者的目标

- 明确管理是如何给个人带来成功和幸福的。
- 了解管理职业生涯的风险和局限性。

实现目标过程中的常见问题

■ 很多人不清楚其生活目标。

■ 有一种趋势：简单地以奖励、经济收入和地位来判断成功。

◆ 管理指南

管理者成功吗？管理者幸福吗？大多数人会认为这些问题很无聊。但是有两个更相关的问题：你的管理生涯会成功吗？你的管理生涯会幸福吗？就一本书无法为你解答所有这些问题，但是我可以通过观察来帮助你解答这些问题。

一些管理者非常成功，这是事实。阅读报纸上的财经或商务栏目，你会注意到最近CEO们的工资飞涨。不难发现有些管理者的报酬和福利是大多数人做梦都没想到的。如果你衡量成功的标准是奖励和金钱，那么这些人是成功的。一些管理者拥有很大的权力和控制力——拥有相当于一个小国家的资源。如果你衡量成功的指标是社会地位和影响力——那么这些管理者是成功的。上述句子中的一个关键词是“一些”。可能我真正应该用的表述是“一小部分”。

很多管理者心满意足，生活无忧无虑。如果你成为一名管理者，你好好工作，然后不断学习新技能，能够适应企业变化的需求，那么你就会干得很成功，并且不断地成功。但是对于每个想通过从事管理来追求财富和幸福的人来说有两个令人不悦的事实：

对大多数管理者来说，管理生涯并不是通向最高经济回报的路径。

出色的管理技能并不是总会让你成为企业的最高领导者。

报酬包括很多方面，我会在后文中详细展开。但是在人们的脑海里，当“报酬”这个词出现在职场，那就是金钱。虽然只从经济的角度考虑报酬是狭隘的，但是金钱在大多数人的职业生涯中也是很重要的一个方面。所以，让我们来考虑一下经济的问题。什么样的职业生涯可以提供比管理工作更好的经济报酬？我可以毫不费力地想到一些职业：

企业家：拥有巨额财富的人就是企业家。要想成为一名成功的企业家，运营一家大企业，你可能需要开发管理技能，但是你的基本技能是要成为一名企业家。如果这是你想要做的事情——那么就行动起来去干吧。企业中的管理职业生涯完全是另一回事。当然，作为企业家，你也可能会失去一切，而作为管理者，这不太可能。

专业演员和体育明星：与成为成功的管理者相比，这可能更困难，成功的可能性更小。但是，如果你真的做到了，你的报酬是管理者的好几倍。

专业服务：高级律师、会计师和管理顾问都比管理者赚得多。虽然他们可能要经常出差并且长时间工作，但是他们的生活压力要比管理者小得多。这种较轻生活压力的原因是他们的团队规模较小以及相对简单的一线管理模式。

销售人员：的确，有些销售人员非常辛苦但赚钱很少。但是，在很多组织中，尤其是那些与其他企业或者政府打交道的组织中，工资最高的员工都是那些销售人员。如果你想快速赚大钱，那么就去做销售。很多销售人员不愿选择管理职业，而企业千方百计让他们最好的销售人员担任销售经理。

如果你正在阅读本书，我猜测你是一名管理者，并且希望继续担任管理者；或者你想成为一名管理者。或许这不是通向成功唯一的甚至不是最确定的路径，但这是一条适合你并且你想继续往前走的道路。

我想与你分享的好消息是，企业中最成功的人士是优秀的管理者。一些人之所以成功是因为他们拥有管理技巧。而相对不太好的消息是，管理才能与成功的职业生涯两者之间没有必然的相关性。我遇到过很多成功人士，在组织中身居高位，但却是糟糕的管理者。我还遇到过许多优秀的管理者，他们整个职业生涯始终都在组织最基层。

为什么会有如此大的差别？首先，很简单，这是运气。我们不能否认运气的存在。信不信由你，有些人就是运气好。这个世界无一定之规，无须大惊小怪。总有一天，好运也会降临你身上，那时你会在正确的时间出现在正确的位置。当机会来临时，抓住它，因为这样的事不会经常发生。相反，有些人有时候不那么走运。如果真是这样，你能做的就是克服它，然后继续前进。另外，不要太在意你到底是幸运的还是不幸的，因为这会导致消极情绪和挫败感。

其次，也是更重要的一点，成功的人想方设法让他们的职业生涯变得更成功。如果你想有一个成功的职业生涯，那么你必须为之努力。成功的人之所以会成功，不是因为他们善于做他们在做的事情，而是因为他们善于制订计划并付诸行动，这有利于他们的职业生涯发展。例如：

确保你的工作成就能引起对此在意的人的注意；

发展人际关系网络，关注那些能够提供相互帮助的关系网；

慎重进行职位选择——只接受那些有利于职业生涯发展的职位；

偶尔冒冒风险，也许你会成为获得风险回报的幸运者。

这会儿你可能会想：既然这样，何苦要提升自己的管理技能呢？错，你还必须这么做，因为管理生涯会给予你更多的回报。成为一名优秀的管理者，就更有可能使你拥有更好的职业生涯。基于管理技能，你增加了使自己成为少数成功管理者的可能性。最后，你必须这么做，因为如果你是一名管理者的话，提升管理技能会让你的生活变得更加简单和惬意。

至此，我所谈论的都是有关成功。那什么是幸福呢？我们可以根据幸福来定义成功。但我不想那样做，因为“成功”这个词已经被“绑架”了，它通常意味着经济上的成功、名声和地位——我们都知道这些不等同于幸福。当然，物质财富和偿还债务的能力会为很多人的生活减少一些压力，或者让他们觉得自己是成功的，于是就产生了幸福感。但是幸福是一个更为复杂和更加捉摸不透的尤物。幸福的一些组成部分如下：

知道什么会让你幸福——然后义无反顾地为之努力。

避免那些让你不悦的事情——然后尽量与之保持距离。

直面那些你无法改变或影响的事。

从根本上讲，只要不是深处痛苦或饥饿的不幸中，幸福乃是一种态度，是一个选择。你可以在任何时候选择它。这与管理可能有关系，也可能没关系。如果你将成为一名管理者，理想情况下，这件事应该会给你带来幸福。但如果不是，这说明你的这个选择是错误的。如果你想要成为一名管理者，你最好选择做一名快乐的管理者。

若存在以下情况，需更加努力

■ 你不确定你想要的与管理职业能提供的是否一致。

◆ 管理者备忘录

- 成功与管理技能之间并没有直接关系。
- 如果你想成功，你不仅应擅长你要做的事情，你还应能够成功经营你的职业生涯。
- 有必要掌握娴熟的管理技能，因为它们可以提升你成功的概率及你对工作的满足感。

Chapter 4

构想你的角色

◆ 关于什么，为何重要?

每个管理者对于他们的角色都有自己独特的思维过程。这些思维过程会形成一个心智模式。当然，并不是只有管理者才拥有关于管理角色的心智模式，其实每个人都有。但是由于管理者们对于管理的有效性具有显著的作用，因此管理者们很有必要深刻了解和认识管理角色。

这些心智模式会影响管理者的绩效，尤其影响那些凭直觉做事的绩效。这些心智模式有助于管理者审视管理角色。所谓管理角色指的是一名管理者选择做或不做的工作。心智模式常常用于推理和决策制定。此外，心智模式也是一个信息过滤器——它决定了什么样的信息值得进行分析处理，以及什么样的信息可以忽略。

虽然这是个简单的定义，但是你可以把心智模式看作是你角色的内在构想。这种构想在多数情况下是潜意识的。当一些事情挑战了你的心智模式时，这会是一个重要的不被接受的意外事件。构想的形成取决于你的人格、你的经历、你的思维方式，以及更重要的是你的世界观。就心智模式而言，并不存在所谓的对与错，但是在某些特定情境下某些心智模式确实会比其他模式更有益些。

心智模式使你作为管理者能够有效地解读世界和扮演好他们的角色，但同时心智模式也会限制你。比如说，如果你的心智模式没有设想管理角色的某些必要方面，那么你极有可能会遗漏这些方面，随即对你的管理绩效产生负面影响。

一般来说人们难以完全适应自己的心智模式，尤其难以适应源于你世界观核心假设的重要方面。但这并不意味着心智模式是完全静止不变的，而是可以根据自己的意愿去改变的。在这一节，我想要让你有意识地去思考自己对于管理角色的构想。

这一节的内容不要只阅读一遍。当你阅读了全书的时候，应当再次回到这一节，并不时地温习一下。对于新管理者来说，这一点很重要，因为你尚未形成一个成熟的心智模式。所以，越早考虑构建心智模式越好。

◆ 管理者的目标

- 能够从不同角度构想管理者角色。
- 能够根据不同的情境和环境改变心智模式。
- 检查你的心智模式是否限制了你的管理绩效，以便有必要进行调整。

实现目标过程中的常见问题

- 基于一系列不恰当的假设来构建心智模式。
- 不清楚自己的心智模式究竟是什么。
- 盲目地固守一种心智模式，这种模式也许在某种情境下有效，但在另一情境下却不那么奏效。

◆ 管理指南

这一节包含了一系列有助于你清晰了解管理者角色的论述和问题，其目的是为了开阔你的思路，而非为了识别心智模式的对与错。换句话说，心智模式不是用“正确”或“错误”可以衡量的。而是，对于某种特定的情境模式，可以分为更合适的或不太合适的，更有效的或不太有效的。本小节没有对心智模式进行详尽和综合的分析，因为那可能得花整本书的篇幅来阐述。但是，本小节涉及一个广泛的列表。请阅读该列表，然后思考以下问题。

我们将会从五个不同的角度来审视管理角色：

1. 什么是成功的管理者？

2. 你能为了实现团队目标做出怎样的贡献？

3. 你与团队成员的关系如何？

4. 如何确保团队成果？

5. 你与组织中其他人的关系如何？

按照这些视角来阅读相关的论述，并判断它们是否反映了你当前的观点。试想一下，如果你采用了不同的视角，是否你会更有效、更成功。

1. 什么是成功的管理者？

一个成功的管理者应具备以下条件：

确保组织某个部门良好运营，比如，我就确保财务部门的良好运行。

完成工作，例如，我保证我的团队保质保量完成任务。

管理流程，例如，我负责从订单到现金的流程。

获得成果，例如，我们得到了收入。

提升价值，例如，我的团队使应收账款天数规律化并且提高我们的现金头寸。

开发人员，例如，我的团队成员不断学习新技能。

2. 你会为了实现团队目标做出怎样的贡献？

你是一名全职管理者还是你也从事一些团队工作？即：我是团队领袖，还是我既是团队成员又是管理者。

你是一名专家还是一名专家型管理者？即：当人们确实需要专家意见时便会咨询我，还是我依赖我团队成员的技能，并且我的工作是管理他们。

你是团队的一部分还是管理的一部分？即：我只是一个成员还是我确保团队成员按规定方式工作。

3. 你与团队成员的关系如何？

我是上司。即：我处于金字塔的顶层。

我处于科层制的某个层级。我不仅属于我的团队，也属于我上司的团队。

我是人际关系网络的组织者。我把组织看作是一张关系网，这个关系网包括了我的团队和组织中的其他团队。

我是我团队成员的朋友和保护者。我确保他们应有的权益——绝不允许任何人打扰我的团队。

我是一个看门人。我把我的团队作为一个资源库进行管理和访问。

4. 如何确保团队成果？

我属于任务导向型。我为团队成员分解任务，安排工作的优先顺序和分配工作，同时监督和跟踪流程。

我确保团队工作顺利进行。我制定决策、解决问题、消除障碍，同时保证团队完成需要做的工作。

我是一个边界设定者。我为团队提供大致的方向和指导方针，同时界定团队成员工作的整体范围。

我是一个看门人。我允许或拒绝他人接触团队资源。

我是一个环境营造者。我创造一个能够让团队有效工作的系统和环境。

我是一个信息提供者。我收集相关信息，整合并分析这些信息，然后提供给团队成员以帮助他们了解周围的世界。

我是一个沟通者和翻译者。我从组织内部收集想法和信息，随即向团队进行传达和解释，这样便会为他们的工作提供必要的氛围和方向。

我是一个角色模型。我个人为团队成员树立了榜样。

我是一个促进者和教练。我帮助团队成员成长壮大，以便他们更好地完成工作和实现个人目标。

5. 你与组织中其他人的关系如何？

你的关注点在哪里？你是否关注于团队而忽视了组织的其他方面？

你关注任务还是流程？你是尽全力完成你的工作还是思考如何让自己的工作更好地与组织的宏伟蓝图相匹配？

组织的架构是怎样的？科层制、流程制还是一个关系网？

你想拥有怎样的影响力？你仅仅对企业战略做出回应还是你同时对公司的议事日程产生影响？

哪种关系是重要的？供应商、顾客、同事、上下级，还是其他利益相关者？

若存在以下情况，需更加努力

- 你无法确定为什么你无法像其他管理者那样有成就。
- 你对自己作为管理角色的认识是静止且有限的。
- 你发现以上列表中的问题难以回答。

◆ 管理者备忘录

- 不要执着于角色的单一形象。尝试在不同情境和时间中对其做出改变。
- 努力使你的心智模式变得明晰，并且当它不再能够实现你的目标时要勇于对其做出调整。

第二篇　团　　队

第一篇对有关管理者角色作了较为详细的阐释。在接下来的篇章中，我们将探索如何扮演好管理者这个角色。本篇将讨论的是所有管理行为的焦点问题——团队。团队是管理者存在的原因，也是管理者实现其目标的途径。

管理的主要目标是影响团队成员采取正确的行动。为了能够做到这一点，作为管理者，你需要明白你的个人风格是如何影响他人的，以及你如何有效地去影响团队成员做他们应该做的事。

本篇着眼于团队的构建，以及增进并提升你对团队需求和多变的团队结构的了解和认识。本篇首先探讨你的沟通风格。

Chapter ①

团队从你开始

◆ 关于什么？为何重要？

当你成为一名管理者时，你会遇到这么一件有趣的事情，即你期望变得更能掌控自己的命运，但结果却更多地依赖他人。你的主要依赖对象是你所在团队中的个体。如果他们的绩效好，你就达到你的目标；如果他们的绩效差，你就失败。你个人的成就并不重要，重要的是作为一个整体的团队的成就。

尽管如此，团队还是从你开始。团队绩效的好坏很大程度上受到以下方面的影响：管理者的角色定位、管理者与团队成员沟通的方式以及管理者与团队成员之间的关系。你可能会担心团队成员的素质欠佳，这虽然很重要，但同时你也应该考虑一下你自己的因素。一个由杰出个体组成的团队在无能的管理者领导下，也会绩效欠佳。但是，一个由一般能力的个体组成的团队，如果有一名优秀的管理者就会绩效优异。

你如何才能驱使团队成员去行动呢？答案很简单，就是利用权力。我是管理者，因而我运用管理权力去做事。新上任的管理者经常因为在现实中权力很小而大失所望。职权的确对管理者来说是有用的，但是成功的管理者往往很少依赖于它。原因有二：一是现实中，一般而言你并没有那么大的权力，即使有，它也不是帮助你达到目标的最有效方式；二是成功的管理者知道如何通过职位权力以外的方式来影响团队成员。在很大程度上，管理本身就具有影响力。

现有的管理权力对于那些直接向你报告的人而言是有用的。但随着跨职能管理程度的提高、交叉工作的增多，以及虚拟团队和项目团队的越发普遍，管理者不得不花更多的时间考虑如何驱使那些不直接向他们汇报的人们做事。对于那些不为你工作的人而言，你的职权就会在很大程度上变得无关紧要。这时重要的就是你影响他人的能力。

你可以通过一些有意识的行为来影响人们：你要求人们做什么，你如何要求他们做事，以及你选择要与他们建立怎样的关系。你也可以通过一些无意识的方式——你的行为方式以及日常的沟通方式——来影响他人。

◆ 管理者的目标

- 理解你的个人风格是如何影响他人的。
- 开发自己极富影响力的技能。

实现目标过程中的常见问题

- 过度依赖职权。
- 缺乏自知之明。
- 不愿意寻求及回应反馈。

◆ 管理指南

权力有多种来源——职位、专业知识和关系是常见的来源。作为一名管理者，你从职位本身继承一定的权力。比如，你有权决定工资和奖金。这些都是有力和有用的杠杆。你可能会与团队中的某一成员以这种方式进行讨价还价：如果你这么做的话，我会……如果你不做的话，那我就……然而，我们仍有一些充分的理由让管理者不要依赖这些杠杆。

第一，这种手段并不总是奏效。即使面对权威，个体有时还是会拒绝做你所要求的事情。你可以使用胡萝卜加大棒策略。但是，如果他们仍然拒绝该怎么办？从你所要完成的目标来看，对这些职权的所有依赖方式都意味着是徒劳的。只有当你的团队表现出色时，你才成功。不管你使用了多少胡萝卜加大棒都无济于事。

第二，你使用这些手段的能力是有限制的。例如，除非你是组织的高管，否则你在薪酬分配的决定权上是非常有限的。对于一个表现很好的人来说额外的1%的奖励并不能给他带来多少激励。

第三，即使这种手段能起作用，依赖权力也并不是提升一个多产团队的最佳方式。不断强调职权的做法会导致一种对抗性关系。这种关系的团队几乎没有产出。随着受教育程度的提高以及社会观念的改变，人们不再期望，并且不希望，甚至无法忍受与其管理者保持对抗性或命令性关系。他们希望管理者引导他们，而非命令他们。

第四，如果员工做任何事情都需要讨价还价，那么工作会很无趣。如果不需要时不时地借助威胁和奖励，员工便会按照你的要求做事，那么你的生活会变得轻松愉快。你可能会做几十年的管理者，所以，你应当考虑如何让管理工作给你带来快乐。

取而代之的做法是开发并利用你的影响力。影响力是对他人的行为、决定或信念产生影响的方式。一个关于影响力的有趣的方面是，一旦你有足够的影响力，你就拥有了某种权力。如果你的影响力是显而易见的，那它便会影响他人对你的判断。你因为具有影响力而广为人知，这一简单的事实会让你变得越发具有影响力。

即使非常聪慧的管理者有时也无法充分利用影响力。这是因为成为一名优秀的管理者并非单纯依靠智慧，而是依赖于诸多能力，其中包括与个体及团队有效互动的能力、分析环境的能力、政治及人际关系的能力，以及影响人们的能力。Daniel Goleman在其《情商》（*Emotional Intelligence*）一书中提出“情商”这一表述时，已对于这一点作了界定（Bantam Books，2006）。（情商通常被缩写成EI，有时候也指EQ。）

当然，拥有高智商是一件非常棒并且有用的事。但是，除非你理解并知道如何与人打交道，并且有足够的情商，否则你作为管理者也将一事无成。这点从直观上看是十分正确的，因为至少我们知道，一个极度聪明的人，如果他不擅长处理人际关系，那么尽管他可能拥有很多其他品质，但也终将是个无能的管理者——不知道如何影响他人。

有些管理者由于运用了固定的影响方式而受到一些问题的困扰。一种影响风格是不够的。你需要能够与不同的利益相关群体进行有差别的互动。针对不同的情形，你应作出不同的回应。要想作出不同的回应，就需要以多种特定的互动方式。

影响技巧（influence skills）是你情商的结果。但是你不要认为你的情商固定不变。一些人天生就比其他人拥有更高的情商。然而，经过努力，你也可以提高你的情商。你可以通过阅读或请人辅导来提升自己的情商。

所有管理者的目标都是发展积极的人际关系。我指的不是友情，而是指一种有助于你完成工作的关系，在这种关系下，他人听命于你，使你有影响力，并且你能够得到你所需的资源。至于哪种互动方式是有益的完全取决于具体环境及文化。处理需要立即解决的高难度问题与那些需要为长期的问题设计完美的解决方案所需的影响技能是截然不同的。你与一些资深的专业专家的互动，例如律师，可能会与和供应商代表团的互动方式不同。那些在西方环境下最适合的方式往往并不适用于亚洲情境。

设想，有两名管理者让他们的团队成员去完成一项任务。什么使得一个管理者比另一个更有效呢？首先，是他要求的方式而不是要求的内容。更重要的是，这不仅仅与要求有关，还与关系、期望、人们已经形成的对管理者个人的判断相关。这些都源于每个管理者自身的经验以及人们对他们日常行为的观察。

你影响他人的能力依赖于人们对你的判断。作为一名管理者，你会不断受到团队对你的评判。你的所作所为都影响着这些判断。你做出的重大决策以及你传递决策的方式都影响了判断。但是，最能影响人们判断的是你日常的行为：早上你是如何走进办公室的，你微笑的频率，你的幽默感，你对团队成员的信任程度，你的激情程度，你对不可接受行为和差绩效的反应，以及你做出积极评价的频繁程度等。

从现在开始你必须认识到你的日常行为及互动方式是如何影响他人的，这一点非常重要。你是否知道你经常会引起他人怎样的反应？

培养自己的影响技巧依赖于自我意识（self-awareness）。自我意识来自观察、倾听以及他人的反馈。如果你从不寻求反馈，那你了解自己影响力的唯一信息就是你自己的感知。你的感觉是主观的、带有偏见的。说到影响力，其他人的观点和看法才是最重要的。影响技巧的提高来源于寻求反馈的意愿，以及对自己的行为方式和互动方式做出改变。

如果你想要提高自己的影响力以及人际关系，你就需要寻求一些反馈。寻求反馈并不总是容易的，有时候你可能没有信心去做这个事。所以，你可以从询问你认识且信任的人开始，比如家人和朋友："我在那个情形下给人的印象怎么样？""你对我有什么印象？""我能以其他方式来做这件事吗？"想清楚你不是要获取增强你信心的陈词滥调或者被告知他们很喜欢你，而是需要建设性的批评意见以便你能影响更多的人。

接受他人对你行为的反馈会是最难做的一件事情。它会令人感到恐惧和受伤害。所以，你要对令你痛苦的信息有思想准备，不要气馁。过一段时间，寻求反馈会变成自然并且不那么困难了。如果你每天都获得反馈，你就不会觉得它像批评，反而成为值得深思的有用信息了。

若存在以下情况，需更加努力

- 当你仅仅依靠管理职权去完成事情。
- 当你没有意识到自己的个人风格是如何影响他人的。
- 当你总是与团队成员发生冲突。
- 当你不能有效地通过团队成员去实现团队目标。

◆ 管理者备忘录

- 不要依赖职权行使你的管理职责。
- 努力培养通过影响他人来完成任务的能力。
- 观察并倾听人们对你的反应，定期寻求反馈。
- 分析反馈并根据反馈调整自己的行为。

Chapter 2
组建团队

◆ 关于什么？为何重要？

组建团队是新上任管理者必须要做的第一件事。由于此时新晋管理者面临着各种各样巨大的压力，管理者必定处于一个非常混乱的环境。

工作需要马上推进。但由于不能等到团队完全组建并且能够正常运行后再开展工作，管理者还要面对来自第三方的期望。因此，无论如何你需要在你承诺完成的工作量、企业要求你完成的工作量以及组建团队所需时间三者之间做出平衡。并不是所有的组织都会耐心地给予管理者足够的时间来组建属于他们的团队。

另外，除非你是组织内部提拔的，否则，新晋管理者对团队工作的认识是非常有限的。因此，组建了错误的团队也是不足为奇的。认识团队的角色和目标通常需要大量的时间。

管理者总是雄心勃勃地想要快速应对压力并迅速组建团队。但是，你现在所做的决定，包括团队成员人选等，都将会对你及你的绩效产生较长时间的影响。一个快速组建的团队往往不是一个最佳团队。

◆ 管理者的目标

- 建立一个高效的团队。
- 与团队成员建立积极的关系。
- 满足主要利益相关者的期望。

实现目标过程中的常见问题

- 当你开始新角色时，你对团队任务和团队成员的能力的理解是有限的。
- 理解团队任务和团队成员能力需要时间，但却面临要求快速推进工作的压力。
- 在选择人员去留和资源规模上的自由度受到限制。

◆ 管理指南

作为新任管理者，你的目标通常包括两个方面：

- 充分准确地理解你自己的角色。
- 组织资源以扮演好管理者角色。

本书的其他篇章涉及如何深入理解你的角色。本篇着重关注完成任务的关键资源——你的团队。你主要会面临两种情形：接替一个团队或组建一个新团队。我们将考察这两个情形的不同之处。但首先我将就组建团队进行一般性的阐述。

不要想象你能够准确估计形势而组建一个完美的团队。组建团队并非能一蹴而就，一次性就组成一个完美的团队是不切实际的。因为制订一个精确的需求计划需要大量的信息，远远不止你所掌握的信息。而即便你能制订一个精确的计划，这个“精确”也只是暂时的，随着时间的推移，也会不再“精确”。虽然逻辑可能会告诉你应该根据工作量多少来决定你所组建团队的大小，但往往到头来你不得不根据你团队预算的多寡来调整团队所能承受的工作量。

通常在组建团队的时候，时间和情境都不尽如人意。所以向现实情况妥协是非常必要的，并且管理者对团队成员的选择权也是有限的。妥协才是真正的现实。但是并不意味着要对所有的事情都妥协，管理者需要确定哪些事情是能够妥协的，哪些是不能够的。这就意味着在有限的条件下如何做决策，同时也意味着你需要决定为争取团队利益如何抗争。

不是所有的事情都需要抗争的。你没有时间这么做。此外，如果事事都要争执，那么你与关键利益相关者的关系会变得非常糟糕。但是，有些事情是必须争取而来的。比如，能够完成工作所需要的团队规模和预算下限是多少？如果被强制分配了一些绩效差且难缠的员工——你愿意接受他们吗？如果不愿意，那么你就得抗争。

在组建团队的同时，你必须经常关注关键利益相关者的期望。因为你现在扮演的是一个新角色，你的一举一动都在大家的评判和观察之下，你想给你的新上司和重要客户留下好印象。然而，请试着降低期望，同时抵制说大话，至少在短期内。成功的管理者擅长管理期望。一个高效的团队需要时间去建立，你也需要给自己时间去构建团队。

◆ 接手的团队

当你接手一个现有的团队时，最重要且紧急的任务是让团队继续运作。没有人（包括你的上司）愿意看到仅仅因为替换了新的管理者使得原有的团队的运转发生停滞，绩效产生滑坡。其次的一个没那么紧迫但长期来说很重要的任务就是，决定需要进行改变的方面。考虑的时间不宜过长，只需几个月，你就能知道你需要改变哪些方面、改变的程度大小。

在决定哪些方面需要改变时，应当考虑这几个因素：历史、期望、对环境的理解以及你的管理风格。在任职面试时，对你将要做的事情已经有了明确的要求和期望，尽快找出上司对你提出过的要求。

你需要了解的最有用的一件事莫过于为什么你要接手这个团队，原先的管理者是升迁了（他是你现在的上司？），是离职了，还是被推荐去别处了。一旦你知道了这些答案，你便明白你需要做什么了。

别为了改变而改变。你没有必要因为自己是新任管理者而标榜自己的威信。如果你充分理解了环境，同时又是一位自信的专家，就可以做出你认为合适的改变。但如果你对周围环境的认识相当有限，先不要急着改变什么，等进一步了解情况之后再决定也不迟。

你需要了解你的工作量。观察、与团队成员交谈并注意倾听，评估他们的绩效，向与你团队打交道部门的同事寻求意见，以及确保自己明确上司对团队的偏好。

如果你决定对团队成员进行调整，那么你需要做好长期工作的准备。人员的变动非常花费时间，绩效管理过程尤为烦琐和缓慢。

作为一名管理者，你可能认为你的角色是评估该团队，但实际上却是这个团队在评估你。第一印象非常重要，也很难改变。所以尽量给你的团队留下良好的第一印象。

最重要的一点就是，接受一个既有团队也需要团队建设。当你成为管理者时，团队已经改变了，需要重新进行建设。

◆ 新组建的团队

新组建的团队面临的挑战与现有团队所面临的挑战很不一样。理论上讲，你可以选择你的团队成员。当然，第一要务是理解你团队需要达到的目标。根据目标，你可以确定资源的种类以及资源的需求情况。第二个任务是为构建团队招兵买马，你经常会面临需要快速组建团队的压力。

构建新团队需要关注诸多因素，最重要的包括以下几个方面。

挑选员工时，需要注重质量而不是数量。如果工作量很大，那么招收大量的员工是可以理解的；然而，如果团队成员的“质量”很高，工作时无论是从质量上还是速度上都会胜过低“质量”的团队。一个高质量、小规模的团队更便于管理。

但是，仅仅招收那些简历上很光彩的员工无法确保团队的质量。许多组织都过分执着于个人的才能。在有些行业中，个人的成功意味着团队的成功，如果你处于这些行业，那么富有才华的人才是你的上上之选。但是在更多的行业中，团队合作比个人表现更为重要。因此你所需要的不是才华横溢的人才，而是出色的团队合作者。

有些团队成员可能需要非常具体的、专业的技能。然而，通常态度比专业技能更重要。当然，团队成员也需要自我学习的能力，但我更愿意要一个有工作热情、懂得合作，又自愿学习的成员，而不是一个缺乏动力、孤傲不羁的专家。相比起改变员工的态度，让他们学习新技能要来得更容易。

如果你不必马上决定团队成员人选，可以留一些名额为以后招聘做准备，那你就这么做。只有当你做了一段时间工作之后，你才知道你真正需要的是什么类型的员工。保持一定的灵活性对你来说很重要。但是不要把空位留太久，因为预算会越来越少，如果你没有招满团队成员，分配给团队的预算就会减少。

招聘正确的人，而不是马上招聘。如果你招聘过快且草率，之后你会后悔。如果你急着要人，签一个3～6月的临时工，在此期间物色合适的人。

团队的规模可能比实际报告给你的要大。你的工作报告可能会涉及跨部门、跨流程、跨项目的内容。现代组织结构和外包的趋势模糊了团队的边界。除此之外，你的工作很大程度上依赖于组织的其他职能部门。你在一个充满互动和关系交织的网络中工作。

招聘合适的团队成员只是你工作的一部分。你工作的很多方面需要在组织的其他部门完成。因此，你需要与潜在的团队成员构建人际网络，并掌握高效的政治技能。

若存在以下情况，需更加努力

- 作为新的管理者，你对如何组建团队，或者应该组建什么样的团队一无所知。

◆ 管理者备忘录

- 当你成为新管理者时，你应尽量关注利益相关者的期望。在做出重大决策之前给自己一定的空间来了解这份工作其他方面的需求。
- 当你接手一个团队时，在确保其绩效不会下滑的情况下做出必要的改变。
- 当你组建一个新团队时，要注重团队成员的质量而非数量，注重团队成员的态度而非工作技能，注重合适的人选而非易得的人选。

Chapter 3

团队成员对你的预期是什么？

◆ 关于什么，为何重要？

企业的传统模型通常基于一个集中的、贯穿于整个组织的战略，该战略对企业的经营计划进行详细的界定。通过组织各层面的沟通，该经营计划被分解成为多个方面，被分配给各独立的团队去实施。管理者就该做什么对团队进行指导。团队成员遵从管理者的指导，因为他们要靠此拿工资。

然而，如果该模型基于的假设是错误的，那么整个模型就会被瓦解。事实证明，这些假设确实存在错误。

一个能够涵盖组织一切事物的详细的战略可谓是个神话。企业的活动应该基于当地的情境和条件迅速、灵活地开展。组织中或许确实存在一个共同的高水平的方向，但是具体的细节还是要根据实际情况来确定。员工不仅仅遵从指导，他们会做出评判，并且会影响企业发展的方向。所以，对于那些做出关键性判断的获授权的员工就需要以合适的方式进行管理。

没有人仅仅为了工资而工作。劳动力是流动的。换工作可能有时容易，有时难，但是有价值的员工拥有选择雇主的权利。工资只是一份工作可被接受的众多因素之一，你管理员工的独特风格才是至关重要的。员工离开组织的一个很重要的原因就是他们无法接受管理者对待自己的方式。

任期也是一个问题。通常管理者的任期要比员工的任期短。你可能会从一个岗位调配到另一个岗位，你的接任者也会如此——但是团队中的大多数成员都会在同样的位置上。他们会看着管理者来了又走。如果他们不喜欢你的风格和指导，会对你不理不睬或忽视你，因为18个月后你就会离开。严酷的事实是，他们这么做有时是对的。因此，设法让团队成员与你并肩作战显得格外重要，而不是假定他们会追随你。

仅仅被任命到一个管理岗位并不意味着你会成为一名成功的管理者。成功取决于你能否被你的团队所接受。在一定程度上，你会被你的团队成员接受仅仅是因为你满足了他们对管理者的期望，并且你以他们期望的方式管理着团队。

当然，你不可能总是用人们期望的方式去管理他们。有时候你不得不用他们不喜欢的方式去决策或行事。但这不应该是工作的主流。以下是以团队成员所期望的方式行事的理由。

■ 如果团队成员感觉他们是被合理对待的，他们就会对你的要求做出积极的回应。
■ 如果团队成员认为你能够满足他们的需求，他们就会因此而受到激励，工作更加有效。
■ 如果人们能够看到为你工作的积极理由，你就更可能吸引到最佳团队成员。
■ 团队希望在管理者身上看到许多的特质，这些特质确实能够带来完善的管理。

◆ 管理者的目标

■ 以一种确保团队高效的方式进行管理。
■ 寻找一种实现上述目标的属于你自己的独特管理方式。

实现目标过程中的常见问题

■ 缺乏对团队成员的需要和愿望的理解。

■ 将团队仅仅视作是达到管理者目标的资源。

◆ 管理指南

作为一名管理者，你希望得到认可，以及你的想法和观点受到重视，你的决定和指导被追随。为了达到这个目标，管理者需要用团队成员觉得合适的方式进行管理。这听上去像平等主义的无稽之谈或通往混乱的道路。事实并非如此。大多数人对管理者的期望都是比较理智的和合理的，并且知道就组织文化而言什么是实用的和什么是可达到的。

团队成员会对那些呈现出特质的管理者做出更加积极的回应。那么什么是一名优秀管理者的特质呢?

◆ 优秀管理者所具备的特质

每个人都有独特的愿望。不同的组织拥有不同的文化，而这种特定的文化对于组织提升怎样风格的管理者，以及吸引什么类型的员工都会产生影响。因此将一名优秀管理者所具备的特质列一个具体的清单是不可能的。但还是能够给出一些有益的指导。

以下列表揭示了大多数员工喜欢的管理者特质。你会发现有些人喜欢其他的特质，但是经验表明以下列表总体代表了管理者的特质。该列表无先后顺序，也并不穷尽。

清晰 提供清晰的并可理解的目标。员工需要明确他们作为一个团队和个体在组织中的定位。

一致性 管理者的行为始终如一，具有可预测性。

自信 做一名自信但不自大的管理者。自信并不是假装你能解答所有问题，或甚至能够预测问题。自信就是能够镇定自如地说“我不知道现在做什么，你有什么建议吗？”

果断 快速做出正确的决定，不优柔寡断。

公平对待团队成员 根据相同的原则去对待团队中的每一位成员。

鼓励乐趣 工作不可能永远都有乐趣，但是当有乐趣的时候，团队会更有效率，员工流动率会降低。

诚实 诚实可以培养员工相信、信任管理者的能力。诚实的一个例子就是愿意承认错误。

具有影响力并受到尊重 团队成员喜欢与有影响力并且受人尊重的管理者一起工作。他们觉得这不仅有利于他们自己，也可以提升团队的形象。

合理的 善于平衡的管理者会提出人们认为有理的决定和要求。合理性取决于情境。但如果情境需要，你还是可以提出比较苛刻的要求。

获得资源 管理者必须能够获得团队成员完成工作所需的资源。

给予团队成员工作的空间 人们希望拥有工作的空间，这会让他们感觉到管理者对他们的信任——甚至容许他们犯错。当团队成员需要帮助时他们希望得到帮助，但是大多数人并不喜欢被人监视。

将团队成员的利益记在心上 管理者不仅为公司尽职尽力，同时他也为团队排忧解难。

重视团队成员 感觉自己有价值是基本的人类愿望。如果管理者能够让团队成员感觉到自己是有价值的，那么就可以提升团队成员的忠诚度。

提供视角 管理者能够阐明团队的角色，解释团队应如何与企业中其他部门积极相处以提升团队的价值，并且明确团队的发展方向。值得一提的是，团队并不一定需要宏大的或创新的愿景。

当问及人们喜欢与什么类型的管理者一起共事时，“领导”这个词会被频繁提及。“人们喜欢与他们认可的领导共事。”这一表述听似不够恰当，因为团队成员所认为的好领导其标准是充满变数的。如果有人这么说的话，那么就值得深究他们具体指什么。

充分利用那些你与生俱来的特质。如果你没有这些特质，那就试着开发它们，但是如果你做得不够完美也不必担心，鲜有管理者能够拥有所有上述特质。

你应该经常主动向团队成员寻求反馈，倾听他们对你管理方式的偏好和评价。这并不会对你的职位构成威胁：你可以选择接受或拒绝这种反馈。反而，为你提升自己的管理技能提供了很好的信息。

◆ 不受团队欢迎的管理者特质

诚然，不受团队欢迎的管理者特质有很多。比如说，团队成员并不喜欢盛气凌人、处心积虑，或者自私自利的管理者。但是有一些管理特质并不那么显而易见，尤其是那些在管理者看来团队成员会喜欢的，但实际上恰恰相反。两个典型的例子是：

- 每个人的朋友。团队成员很乐意为一个友善的管理者工作，但是普遍来说他们都不希望管理者成为他们私人朋友。团队成员通常需要与他们的管理者保持一定的距离。你应尽量给予团队成员必要的帮助和支持，但不要指望成为每个人的朋友。
- 管理者本能地认为自己了解每个人的愿望。如果你认为你不用问就能知道团队成员的喜好，那你就错了。一个常见的例子就是裁员。很简单，每个人都不希望自己被裁。但对于一些老员工，或那些有着紧缺技能的员工而言，裁员条款或许会比留下来更具吸引力。

不足为奇的是，团队成员不喜欢管理者带有偏见或负面的刻板印象。但事实上，团队成员自身也不是公正行为的好例子。你会发现团队成员的各种观点都基于刻板印象。而你不应该有。

显现的偏见在现代社会中会招致唾弃。有效克服偏见和刻板印象的理由是：许多偏见和刻板印象带有攻击性，是不道德的和不合法的（如种族主义、性别主义和年龄主义）。除此之外，单从实际出发，如果你对任何特殊人群抱有偏见的话，那么你就阻隔了自己获得有用人才的另一条途径。

假如你没有那些积极的特质将会怎样?

现实生活往往无法给予人们所想要的。例如：你常常无法在下列情境下展现自己积极的特质：

- 你需要不时地做些可能会被误解成不公平的举动。
- 你不可能总是提供学习和发展的机会。
- 有时你无法考虑团队成员的利益。作为管理者，你也必须代表整个组织的利益，这有时会跟整个团队的利益相悖。
- 你需要不时地表现出苛求的一面，这可能会看上去不近情理。

■ 偶尔你可能不会完全的公开和诚实。比如说，公司要实施大面积的裁员计划，在正式宣布前，你可能不被允许告知你的团队。

此外，团队成员有时会提出一些不合理或不现实的愿望。一个典型的例子是团队成员可能觉得他们应该经常得到正规的培训。一些正规的培训是可以的，但只是偶尔。大多数培训都是在职的。

当你无法按照团队的愿望行事时你该如何处理？只要你没有不断地违背这些愿景就不用担心。团队并不指望你是完美的，他们对于管理者大量不完美行为会持宽容态度。他们显然是这么做了，否则就会发生经常性的企业内部纷争。

如果你不具备这些理想的特质，那么你至少应尝试：

■ 花些时间解释你为什么不能按照大家预期的方式办事。大多数团队成员都会理解你的不得已行为。
■ 管理预期。如果你估计你的行为会与以往表现不一致，试着提前告知整个团队。
■ 修正团队的看法。展示给团队你管理之道的价值。团队成员的观点并非一成不变，只要你与团队成员的关系是积极的、愉快的，那么渐渐地你就能改变他们对于优秀管理者的认识。

若存在以下情况，需更加努力

■ 团队成员的反馈显示他们对你的管理风格不够满意。
■ 在相似的工作岗位、工作环境中，较之扮演同样角色的其他管理者，你团队成员的流动率来得更高。

◆ 管理者备忘录

■ 一定的管理特质有助于你更好地管理团队。
■ 试着理解团队对你管理特质的期望——只要符合实际，就试着按他们期望的方式进行管理。
■ 但是，不要让满足团队的期望阻碍了良好的管理方式或企业的产出。

Chapter 4 不断演变的团队形态

◆ 关于什么？为何重要？

团队是不断演进的。

以前，管理者拥有一个固定的团队，整个团队都在一个办公室内运作。但现在不同了，管理者可能拥有多个地域分散型的、虚拟型的以及项目型的团队。

企业流程再造改变了管理的价值创造过程，即从追求功能卓越改变为追求以客户为中心的过程最优化。于是，跨职能流程团队应运而生。

技术的进步、全球化和专业化使得外包和离岸司空见惯。团队不再局限于单个企业中。

因特网开创了在线社区。这种社区正在改变企业的组织结构，甚至替代了企业组织。

这些团队类型是企业日常生活的一部分。改变团队形态的行为会继续增多。创新型团队结构为企业提供了赢利的机会——与此同时，它们也带来了新的管理挑战，而且这种挑战无处不在，因此管理者必须学会如何应对这些挑战。

◆ 管理者的目标

■ 能够成功管理一个团队，无论其结构如何。
■ 懂得如何利用最佳的团队结构。

实现目标过程中的常见问题

■ 不知道该如何有效管理各种不同结构的团队。

◆ 管理指南

团队类型及相应的管理挑战

首先让我们了解一下最常见的团队形态，如下表所示，旨在为了解不同类型团队中管理者所面临的挑战提供一个概貌，下列图表并非详尽。所列团队类型并非互相独立（例如，一个外包型团队可能在地缘上是分散的和临时的）。

团队类型	描述	管理挑战实例
地域分散型/虚拟型团队	团队成员在不同地域或不同时区工作——他们不会以面对面的形式见面，但会利用社交技术来协调活动，进行合作	□ 在没有面对面的接触下建立关系 □ 解释和分配活动 □ 在无法亲眼见到团队成员产出的情况下理解并确认取得的进展
临时型\任务导向型\项目型团队	为实施某项任务临时组建的团队，一旦任务完成，团队就被解散。执行这类任务往往涉及跨职能管理	□ 对团队成员的权威有限 □ 无法直接掌控激励和绩效杠杆 □ 通常团队成员拥有专业技能，而管理者缺乏经验
资深成员型团队	是指拥有一些比团队管理者更加资深的参与者的团队（通常是项目团队）。比如，一个拥有资深专家的项目团队	□ 不能依靠权威对资深团队成员进行管理
多文化/多语言型团队	团队成员来自不同文化背景，遵守不一样的行为模式，而且可能主要运用不同的语言或者多种语言进行交流	□ 明白如何激励和鼓励团队参与 □ 存在信息误传及偶尔冒犯的风险 □ 相同文化或相同语言的小群会导致互不合作的小团体
跨组织型团队	例如，较之职能目标，跨组织型团队更关注流程绩效	□ 对团队成员的权威有限 □ 利益/目标无法匹配 □ 团队成员的忠诚度带有混合性

续表

团队类型	描述	管理挑战实例
同级型团队	是指那些由一群同样级别的管理者组成的团队，往往是临时性的团队	□ 职权界限不明晰 □ 自我意识冲撞和同级竞争
自发型团队	是由自愿参与者自发组成的团队	□ 有限的权威 □ 固执且热忱的团队成员可能不愿接受他们不认同的指导 □ 一旦不高兴，团队成员便随时会停止参与团队活动
外包型/部分外包型团队	把部分职能或流程外包给第三方组织，形成跨越组织边界的团队	□ 往往地域上分散 □ 团队成员可能忠于外包组织而非客户公司 □ 管理者无法运用正常的绩效杠杆来激励在外包公司中工作的个体 □ 由于受到合同的限制，改变/调整服务项目都会比较麻烦且耗时

◆ 成功管理的原则

不同类型的团队需要恰当的管理。每种团队都会给管理者施加特定的压力：例如，管理者必须出差的次数；新的、目前无法预见的团队结构会出现。作为个体，你几乎无法或根本不可能影响这些团队结构的产生和使用。但为了成为一位有效的管理者，你必须有能力应对这些情况。

然而，无论团队结构如何异同，成功管理的原则始终不会改变。尽管你践行这些原则的方式有所不同，但如果你专注于这些原则，那么你很可能会成功管理好任何团队结构。无论团队结构如何，你都应当：

- 了解团队成员，团队的目标是什么，以及实现这些目标所能获得的资源。
- 为团队成员提供团队的共享目标。每个团队成员必须明确其角色和职责。对于传统团队，这一点尤为重要。
- 阐明在团队工作中的角色定位及工作期望。“作为管理者，我会……我希望你能……”不要假设你对管理者角色的认识与团队成员的观点一致。
- 达成你与团队成员对于工作环境的共识。随着时间的推移，达成你们对于企业政治及利益相关者的共识。

■ 试图找到成功的客观评价方法。这并不总是可能的。许多团队不得不运用主观的、判断性方法进行评价，但是客观的评价方法可以减少误解和误释的概率。

■ 为在团队中发展关系和集体感做出不懈的努力。这对于地域分散型团队来说比较困难，但却极其重要。你应试着了解团队中的每个个体。

■ 尊重文化差异。试着运用文化差异来驱动创新，同时在目标或方法上减少分歧。

■ 寻求发展一种共同参与的文化。这需要时间。构建基于团队共识的管理机制及团队的工作风格。试着建立团队规范，例如：哪些话在团队内是可被接受的，哪些是可以与外界分享的，以及批评是如何给出的。

■ 建立信任。这也需要时间，并且这是你的互动风格和行为一致性的结果。人们不会信任那些让他们感到困惑的、不理解的，或者与他们没有建立关系的管理者。

■ 尽可能减少小团体和小文化圈的存在。你们并不是因为每周电话会议而聚集在一起的几个团队。你们是一个团体，是一个整体。

决定你管理能否成功的基本原则包括：你的沟通能力、你的行为和你采取的行动。黄金法则是：沟通、沟通、再沟通。尽可能以最直接和最为个性化的方式进行频繁的沟通。这对于达成共识、构建共享文化以及发展高效关系来说都是至关重要的。

如果你的团队是分散型的，那么沟通就成为管理者的一个巨大负担。在理想的情况下，管理者应该定期与团队成员进行面对面的交流。而实际上，这并不总是可能的。当你们无法见面的时候，运用那些允许互动的通信技术而不是仅仅把信息发送出去。你与团队成员的关系是通过对话建立起来的。你需要定期召开电话会议，但不要仅仅依赖于此。

如果可能的话，出差去团队成员所在的地方与他见面。这种方法对与你从未谒见的人建立关系来说是可行的，但会很困难。因为与团队成员见面的时间和成本投入通常需要得到批准。

如果这是一个多元化团队，建议使用简洁明了的语言，并经常检查自己的理解是否正确。因为尽管人们用同一种语言，但对于术语的使用却往往不同。

避免地域偏见，因为这会导致小团体的形成，从而降低团队成员对管理者的忠诚和信任程度。因此，在与偏远地区的团队和个体沟通时，管理者应尽量减少时差的影响。平等对待每一位成员。你的目的应该是同时、以同样的频率提供同样的信息。

请务必运用一些在线工具，如社交网络，但要谨慎为之。因为不是所有团队成员都会对在线工具感到舒适或习惯。如果你使用Facebook, LinkedIn或Twitter的话，你必须避免让人感觉你在窥探个人隐私。作为管理者，记住你的一举一动都在他人的眼皮底下。如果你上传一些有关自己的信息到网络上，那么就应该想到团队成员会看到这些信息。

与你的团队成员一起建立管理机制。就什么有助于好的管理以及什么有碍于好的管理与团队成员展开讨论。一个自信的管理者应该是一名开放的管理者。当你面对由于团队增多而带来的挑战的同时，其实你的团队成员也在面临这种挑战，他们需要身处多个团队。因此，与其说你是团队的领导，还不如说你可能只是众多利益相关者中的一员。如果你想博得团队的关注，你就需要与团队成员建立高度信任的相互关系，明确团队的目标，唯有如此，你才能如愿以偿。

◆ 超越企业边界

如今，团队结构往往超越了企业组织的边界。一些合作的风格已经完全不再是仅仅满足一家企业的需要。网络提供由志愿者维护的在线信息资源，这些曾经都属于有偿的研究和信息库。软件开发曾经是公司机密，而现在，共享软件的出现显示了网络社区在开发可靠的增值工具中的巨大力量。

这样的社区参与者能够做的事可能有限，但究竟有限到什么程度，目前无法得知。对企业来说，这些既是机遇又是挑战。对于想利用这样的社区开展工作的管理者而言，理解网络及明白如何积极地发展社区的能力一定是一项核心技能。如果你尚不具备这种能力——那么就去学习这些工具，并且要主动积极地寻求建议和参加培训的机会。

未来，需要越来越多来自不同地域、不同文化和语言背景的人们一起协作和参与各项事务。在这种趋势下，各种组织结构和团队类型会应运而生。新的团队结构将会不断涌现。未来的管理者需要以一种灵活和创新的方式去进行管理。拥有灵活性和创新性将比仅在一个管理领域表现优秀更重要，更有利于你职业生涯的发展。

若存在以下情况，需更加努力

■ 你不了解不同类型的团队。

■ 较之以前，你面临一个全新的组织结构。

◆ 管理者备忘录

■ 所有团队成功的基石在于团队成员间的相互信任关系、清晰的目标以及定期的沟通。

■ 也许在不同类型的团队中，你不得不以迥异的方式进行管理，但是优秀管理的原则始终保持不变。

第三篇　创造你的角色

在任何一个企业，你都可以发现很多人有着不同的观点、目标、技能、资源、看法、信息和人脉。这就构成了一个组织的人文及政治环境。本篇主要关注如何理解复杂的企业环境以及企业如何在复杂环境下得以发展。

企业的领导们会通过战略决策及沟通尽量确保目标与行为的一致性和互补性，在这方面他们多少是成功的。作为一名管理者，甚至一名高级管理者，你很难靠自己的能力去营造环境，但你可以根据不同的绩效水平对你所处的环境做出有效的回应。

当你处于从属地位时，你只需了解环境的一部分。你主要需要了解你直接上司的观点、需求及局限。这个方面将在本篇前两节中加以介绍。随着你升迁到管理高层，你就必须更加深入地了解企业的人文和政治环境。你需要通过你的人际关系网来做这件事，这方面将在第三小节展开讨论。

人文和政治环境不只是你必须应对的，它也是你可以理解并利用的。一旦你这么做的话，你就可以创造出最适合这种环境的管理角色。这将在第四小节详尽阐述。

Chapter 1 解读你的上司

◆ 关于什么？为何重要？

除非你是首席执行官，否则你就不只是一名管理者，你还是管理者团队中的一员。你很可能会花大部分时间与你的团队进行互动，这也是本书的重点。但同时你也必须履行你作为管理者团队中一员的角色。

你与你的管理者或上司的关系是工作中最重要的关系之一。如果你能驾驭得好，你将很有可能成功；如果你驾驭得不好，你失败的风险就会很大。

你是否能与上司建立良好的关系完全取决于你对其需求和欲望的理解。只要你了解了这些，你就能扮演好上司所希望的角色。这些需求可能很复杂且不稳定，它们不可能被写下来也不可能很固定。你必须去解读和密切关注你的上司，从而获得对其需求的最新理解。

◆ 管理者的目标

- 对上司的需求及期望有一个清晰、全面、最新的理解。
- 与你的上司共同设定一个可实现的期望。

实现目标过程中的常见问题

■ 上司提出不清晰且不完整的要求。

■ 上司的要求自相矛盾。

■ 上司的要求频繁改变。

◆ 管理指南

关系

你与上司的关系涵盖三个主要方面。你的上司是：

1. 需求和指令的来源。我指的是你上司的要求。

2. 资源提供者。

3. 你的绩效评估人。

本小节将重点讨论第一点，但是对其他两点的理解也是非常重要的，因为它们是相互关联的。

让我们认真讨论一下上司的要求。你需要理解这些要求，以便能够满足上司的期望，从而帮助他达到其目标。你可以从以下两个方面考虑这些要求。

■ 针对她在企业中所扮演的角色而提出的正式需求，这些需求通过她最后会落在你和你团队身上。

■ 她的愿望，这些愿望往往并不明确，但却与其个人关系密切，即她的价值观、她希望达到的目标等。

你与上司关系的第二个方面涉及资源。如果你与你的上司关系良好，她将是你可以利用的一个资源。你能从她那里获得帮助和建议。更重要的是，她还是你获得其他资源的途径。你上司的能力是受到限制的，资源也是有限的。但是分配给你的预算、人员编制和其他资源却是你的上司决定的。然而你对上司要求的理解和完成任务的情况会左右你上司的这些决定的。

分配给你的资源受到两方面的制约：上司的总预算及你必须与其他人分享资源。你与你的同事处于竞争状态。当然，那不是一场得失所系的赌赛（你的得益会导致同事的损失）。预算是有弹性的，它有增有减。但预算是有限的，你上司给你的同事分配得越多，留给你的就越少。

你的成功并不完全在于你获得预算的多寡。有时候你只需要很少的资源，有时候你却需要很多。但是你总是需要足够的资源。比较理想的话，最好是能够额外多一点，以备不时之需。如果你能正确理解并满足你上司的最重要的需求，你就很有可能获得足够的资源。

你与上司关系的第三个方面是，你的上司是你的绩效评估人。你上司对你绩效的评估取决于很多因素，但她评估的中心在于你达到她预期并满足她要求的情况。

挑战

上司的要求可能很难满足，这并不奇怪，重点是理解这些要求本身就十分困难。鲜有管理者完全有把握实现其上司的愿望。

偶尔，你会非常幸运地遇到一位明确其需求的上司。这样的上司将是通情达理的，并且会理解你团队的局限性。她会为你设定你能达到的明确目标。你不会总遇到这种情形。多数情况下，上司的要求经常是模棱两可、不确切的。你必须学着去处理这种情况。通常，这种挑战随着向高层升迁而增加。如果你想要在管理生涯中获得进步，你就必须开发你处理模棱两可要求的能力。

当你试着理解你的管理者的需求时，你将遭遇以下障碍：

- 上司很少会解释其全部要求。
- 你可能会错误地理解上司的表述和行为。
- 上司可能会提出相互矛盾的要求。
- 上司的需求会改变，有时候甚至会迅速改变。
- 即使你理解了上司的要求，你也很少有时间及资源来满足其所有的要求。

导致这些障碍的因素是多方面的。上司可能会错误地认为你知道她的要求。上司与你交流的时间非常有限，她总是忙忙碌碌，无法向你详细解释其要求。上司也许并不清楚其自己的要求，因为她也从未从她的上司处得到相关信息。像其他人一样，你的上司也并不完美。

战胜挑战

这看起来是一项不可能完成的任务，但事实并非如此。每个管理者都会面临这样的挑战，并且很多人都能应对自如。这是一个常见的、可解决的，至少是可以化解的问题。

要想理解上司的要求，你需要与其进行定期的对话。如果你隔好几个月才与上司进行一次交流，那么你对上司的需求不可能有一个足够深入和最新的理解。

你不能简单地理解上司希望你做的每件事情，你应该设法了解每件事涉及的相关信息，即这些要求中哪些是真正重要的，哪些是有用的，哪些又是不相干的；哪些要求是必须马上完成的，哪些要求是可以抽时间去完成的。

你必须与上司建立一种积极的关系，即基于互动的一种关系。如果你与上司建立了积极的关系，你就会有机会获得你所需要的信息。当然，如果上司能与你一起分享并讨论她工作中的一些挑战，而非只是简单地将工作分配给你，那就再好不过了。

鉴于企业中事物的多变性，你很难及时更新对上司要求的正确领悟。当需求或优先级改变时，上司不大可能及时告知。因此，你需要不断观察变化，与时俱进地进行工作。

如果上司向你解释其需求时，你应确保自己完全理解。如果你没能全部理解，就提问，并且所提问题要尽量具体。

有时候你可能需要一点时间来反思你的理解。当上司向你解释一项新要求时，请求上司就如何完成任务给予你一个思考的空间，以及与其进一步讨论的机会。在讨论过程中，通过询问一些具体问题可以使上司的要求显得更加清晰，从而显示你的价值。这样做有助于上司提高其表达的清晰度。通常，她会比较赞赏你这么做的。

如果需求很复杂或者与你平常的工作不同，不要简单地接下任务就去做。你的理解可能有偏差，或者上司的解释可能并不完整。因此，先考虑一下，然后带着更多的问题与上司进行沟通讨论。如果可能，提出一些有关如何完成任务的建议：“如果我这样做的话……如果我给你的东西就像那样……能满足你的要求吗？”如果你能清晰阐述自己的观点，并且通过与上司交流能够提升其表达的清晰度，那么你将大大地提升自己的价值。

成功的管理者善于帮助上司提升其表达清晰度，并使其对完成任务的预期更具可操作性。

通常你不可能完成上司要求的所有任务，这就需要设定恰当的预期。你需要向上司建议哪个要求是可行的，哪个是不可行的，但你必须以正确的方式提出建议。

企业是一个崇尚积极态度的环境，直接说“不”或“我做不了这件事”是不受欢迎的。当你不能满足要求时，以下方法能够让你避免说不：

■ 明确优先级。不要说这两件事我都不能做，而是问我应该先做A还是先做B。

■ 界定条件。不要说“我不能做这件事”，而是说“如果有x、y和z我就能做这件事”。即使你知道条件永远都不能被满足，但这也比你直接说不要好很多。

■ 给出选项。不要说“我不能做A、B及C”，而是问：“A和B，或A和C，你更希望我做哪一个？”

在设定预期时，你也应该避免将上司的包袱揽到自己身上。当你对任何要求无条件地接受时，你就将这件事完全从你上司身上剥离，变成了你自己的事了。

但有时，你必须对上司的要求无条件地接受。企业喜欢那些欣然接受任务的员工。这意味着你必须善于管控风险，不要轻易接受你完成不了的任务。不过企业也喜欢无条件说“行，我能做”的管理者。一次次地，即使当你接受任务时并不知道具体情况，你也必须冒险去接受这项任务并完成它。因此，根据具体情况，谨慎做出选择，只有这样，才能较好地管控风险。

若存在以下情况，需更加努力

■ 你还不能完全理解上司的要求。

■ 你经常不能满足上司的期望。

◆ 管理者备忘录

■ 上司是要求和资源的来源。她也对你的绩效进行评估。

■ 成功的管理者需要理解其上司并不清晰且多变的要求。

■ 明确上司的要求，并帮助上司明确其自己的需求。

■ 积极地设定预期，始终保持积极的态度。

Chapter 2

不完美的上司

◆ 关于什么？为何重要？

假如你已经阅读了前一小节的内容，也阅读了本书关于你与团队的关系部分，那么你可能会发觉存在一个矛盾：我建议你用一种特有的方式与团队进行互动，但你却不能指望上司与你用同样的方式行事。为什么呢？因为你的上司可能不够优秀，那么你就应该尽力做得比他还好。

如果你有一位优秀的顶头上司，那便是一件十分幸运的事。大多数人会在职业生涯的某个转折点碰到优秀的上司，但你会碰到更多不完美的上司。遇到这种情况时，你的工作应该要更胜于他，而不仅仅是向他看齐。有时这就意味着你需要谨慎选择向他学些什么。在另一种情形下，即便上司存在缺点，你却仍然可以成为一名优秀的管理者。

遇到有缺点的上司的概率还是很高的。在我的职业生涯中，最大的失望之一莫过于发现无论资历深浅，在其位不谋其职的大有人在。你可能会期待大多数上级领导都是极富才能的从而可以向他们学习。不排除这种人的存在，但是假如你发现同事中有四分之一不如你现有的水平，四分之一不如其下属的水平，以此类推，一直到最高水平都是如此状况。

管理者的表现不尽如人意是由多种因素造成的。有时一个人很幸运得到了一次他们本无法胜任的晋升。这种人可能是聪明的，但正如我在第二篇开头所提及的那样，聪明不代表就具备了优秀的管理才能。有时你的上司在前一份工作上表现出色，并基于优异的绩效得到了升迁，但遗憾的是，前一份工作所需的技能并非这份工作所需要的。（正如《彼得原理》（*The Peter Principle*）中所阐释的那样："在一个科层制组织中，每一个员工都趋向于上升到并非其能力所及的水平"。Laurence J. Peter和Raymond Hull；Souvenir出版社，1969）而且，周围真正拥有才华的人是有限的。通常在现有岗位上的人并非是最佳人选，而是最不差的选择。你的上司可能就是其中之一。

你需要学习与不完美上司共事，其中一个优势就是，睿智性管理者屈指可数的事实意味着如果你成为了一名优秀的管理者，你将前途无量。

◆ 管理者的目标

- 能够在不完美上司的领导下工作，同时扮演好自己的管理角色。
- 明确向上司学习什么，忽略什么。

实现目标过程中的常见问题

- 由于缺乏经验，你将不好的管理方法当作是合理的。
- 你将不好的管理视作不可避免。

◆ 管理指南

造成不合格管理者的原因有很多，其中包括：漠不关心的，不善交流的，以自我为中心的，不切实际的，或者仅仅是不能胜任的。随着时间推移，大部分这样的管理者会被发现其不足，虽然并不总是这样。可是你的职业发展不可能等到上司的缺点全都暴露无遗时再继续。

非此即彼，你可能遇上一个有才干的上司，但是他仍然不太善于对你进行管理。可能他的关注点在别处或者由于某些原因对你有偏见；也可能当初他没有选择你，结果对他不想要的那个人会感觉是个负担。

遇到上述任一情况时，你应该怎么做？以下四个步骤有助于你处理这种情形。

1. 保持符合实际的预期。你有一个拙于管理的上司或不切实际的预期吗？

2. 借助企业现有的机制来提醒上司他拙于管理。

3. 决定是否要采取正式的行动来表达不满。

4. 假设不采取正式的行动，那么应该如何与不完美的管理者打交道。

◆ 合理与不合理的预期

永远记住上司也是人。你能感受到的所有未知情形他也可能同样感知到。他传递给你的是有限的信息，而他自己也会受限于此。你并不完美，所以遇到的人也都不是完美的——为什么要苛求上司必须完美呢？

你必须区分哪些是不切实际的行为，哪些是你不喜欢或不能满足你期望的行为。你所在的企业应该尊重你并且公平对待你。但公平对待不是指以你希望的方式对待你。你的角色之所以存在是因为公司需要你来完成某件事情而不是为了让你开心。

假如你不确定上司是好是坏，就问问朋友或同事他们的上司怎么样。假如你的上司与他们描述的差不多，那就可能是你的预期不太现实。另一方面，假如你的上司明显表现拙劣，那么他可能是缺乏胜任力或做事不切实际。

造成不满意的一个因素是上司对你支持的力度。你获得支持的多寡是由你在企业中所处的地位和等级决定的。假如你是一名资深管理者，那么来自他人的支持会相当有限——你应该学会靠自己。你可能需要达到较高的目标——但一切都得靠你自己去解决。但是，作为一名年轻管理者或团队领导你应该得到你上司定期的辅导和帮助。你不仅应该被告知做什么，而且还应该得到关于怎么做的建议。

◆ 反馈

理想情况下，假如你的上司很糟糕，他也应该是有自知之明的。反馈并不总奏效。告诉一个以自我为中心且变化无常的上司他很糟糕是需要勇气和自信的。如果你认为告诉上司他不够好会是毫无风险的，那你就太天真了。然而，如果你有足够的自信和勇气，你还应该找到做这件事的方法。

值得庆幸的是，很多组织都建立了相关机制，如360度反馈。我们可以充分利用这样的机制。

试着在提供反馈时尽可能的详细——并且将它与预期结果相联系，即上司对你的工作造成的负面影响方面，包括上司做了什么，没做什么。

如果上司主动向你寻求反馈，或者你觉得你有必要向上司反馈，那就去做。但是当对较高级别者反馈意见时需谨慎。不是说他不好，而是要用一种积极的方式，要把反馈与可能带来的更好的结果联系起来。你可以这么说："假如你能用这种方式与我沟通，我可以做更多……"，或者"假如你这样做……，我可以通过……改善绩效……"

◆ 提出不满

对待一名差劲的上司可以提出正式投诉。你可以向人力资源总监或更高级别的管理者提出不满。这是一个需要做出的重大决定，你不应该仅仅轻描淡写地抱怨了事。如果你投诉了，但你的投诉没有被支持，这会使你与上司的关系变得更糟。

但是，投诉有很多正当的理由。如果你的上司有以下行为，就去投诉他。

■ 经常欺负你。

■ 表现出无法接受的偏见，如种族歧视、性别歧视、年龄歧视、歧视残疾人。

■ 经常诱导你参与非法或严重不道德的行为。

明确自己要投诉什么，要有证据支持你的投诉，并且对投诉可能引起的质疑做好心理准备。因为对一个人来说是欺负，对另一个人来说可能就是高能团队建设；对一个人来说是不道德的行为，对另一个人来说可能只是在那种环境下指导方针的灵活运用。

幸运的是，这些情形很少出现。在多数情况下你不需要因为一个不完美的上司而进行投诉。你只需应对他而已。

◆ 与不完美的上司打交道

假如你有一个糟糕的上司，同时假设你又不能简单地忽视他，那么有两件事情你可以做。你可以与他共事，这样也许你能帮助他改进管理；或者你可以在他周围工作。当然也可以同时做这两件事。

向上司学习。即便再差的上司也有值得学习的方面。假如你有意识要这么做并且有能力这么做，那就尽力与上司建立牢固的关系。如果你们相互间建立了深厚的交情，那么你就会很容易向他提供反馈，而不用像其他人那样纠结。另外，你可以帮助他进行其所不擅长的方面。没有管理者对所有事情都在行，他可能会很看重你能做他不擅长的事的能力。

另一个选择是在上司的周围工作。你的上司不是唯一具有影响力、职权或资源的人，也不是唯一你能学到东西的人和帮助你职业进步的人。你应该寻找一个更宽泛的人际关系网而不仅限于你的上司。当你建立了你的人际关系网之后，你本人及你的成就就会被那些资深的利益相关者所了解。我遇到一些成功的管理者，他们与其一线管理者的关系并不紧密，而全然依靠其他利益相关者。通常，我并不建议这么极端的做法，但是我也不会仅仅依赖于某个一线管理者。

需要避免的一件事是参与公司政治斗争或在工作中说上司的坏话。除非你是一个老练的政治家并拥有非常强大的支持者，那样做的后果无异于引火烧身。如果糟糕的上司认为你在他背后搞小动作，那将对你更加不利。

当然，也存在一些你无法帮到上司或没有办法按自己方式行事的情形，这时候就该决定离开了。你不用急着这么做，但是生命太短太珍贵所以不能为一个差劲的上司卖命太久。否则你将痛苦不堪并且学了坏习惯。

最后一条建议是有关糟糕的上司。最糟糕的上司往往口碑很差。如果你有所耳闻，那你一开始就应避而远之。当你选择接受某个角色时，了解清楚谁会是你的上司。选择那些在职业生涯中可以帮到你并且你可以学习的上司，反之，就不要为那样的上司工作。

若存在以下情况，需更加努力

■ 你很担心上司的行为或者你对他的工作感到十分沮丧。

◆ 管理者备忘录

不完美的管理者是企业中一个不争的事实。

■ 如果你有一名糟糕的管理者，与他共事并试图提升其绩效，或者通过建立一个由其他赞助商及支持者构成的人际网在上司周围工作。

■ 如果什么都不起作用，那就离开。今后要谨慎选择你将为之工作的人。

Chapter 3

网络思维，而非层级思维

◆ 关于什么，为何重要?

绝大多数组织结构图和招聘流程都强化了上司的概念。但是你的上司只是所有利益相关者中的一员。你会从事到很多超出你上司掌控范围的活动中去，其中包括项目团队、任务小组，跨流程和矩阵汇报，以及各种其他基于相互协作和共同利益的团体。你属于网络的一部分，而不单单是层级中的一分子。

认为上司无关紧要是错误的。很多人确实这样想，也将一直这样做。你所拥有的关系中，你与上司的关系通常是最重要的。但不至于重要到可以忽略其他所有人。有很多其他的利益相关者能够分配任务或是能够影响分配给你或你团队的任务，也能提供获取资源的途径或是参与评判你的绩效。也有很多人能够帮助你成功或成为你成功路上的绊脚石。有时，你会觉得你不只有一个上司，而是有若干个。

只关注层级的做法是错误的。企业的目的是通过创造价值来满足顾客的需求。通过职能层级上下传递来完成工作的方式无法创造价值，也无法满足顾客。价值的创造，顾客需求的满足是通过点对点跨职能和跨部门的流程执行而实现的。流程及流程优化比层级制和职能优化更重要。

你拥有独特但经常是重叠的职业化和社会化网络。该小节将重点关注你的职业关系网络。我用“关系”这个词作为职业关系（professional relationship）的简称。

◆ 管理者的目标

- 识别你想与之建立职业关系者。
- 建立一个牢固且高效的职业关系网络。

实现目标过程中的常见问题

- 过于关注层级制关系。
- 特殊关系建立导致次优的关系网络。
- 缺乏构建人际关系网方面的知识。

◆ 管理指南

你所开发的人际关系网有助于你获得影响力和权力，而关系、影响和权力有助于你完成工作，但是并没有构建最佳人际关系网的确切路径。要建立一个牢固的人际关系网，你不得不创造属于你自己的路径。

建立职业关系取决于两个因素：运气和发展关系采取的行动。你不可能与每个人建立有意义的人际关系。也许有些关系现在看来没有明显的好处，但是在将来会变得非常有助益。可是，你必须将精力集中在那些最有可能获得助益的关系中。一个好的人际关系网需要探索和选择，请你就构建自己的人际关系网，做出明智的选择。

建立一个复杂的利益相关者网络，不仅会有所助益，也会产生问题。成功的团队拥有共识的、共享的清晰目标。这些目标越简单，就越容易达到团队的一致性。不同的利益相关者拥有不同的目标和愿望。当你与这些利益相关者构建关系时，你可能需要帮助不同的利益相关者满足其愿望和达到其目标。一个共同的企业战略在不同利益相关者的目标之间创造了一定程度的一致性，但这仅仅是问题的一个方面。拥有复杂的利益相关者网络对你的能力是一大挑战，你需要设定清晰和简单的目标。面对复杂多样的目标、不同主观性的看法及模棱两可的选择，你的生活也会变得复杂起来。

作为一名初级管理者，你有权选择是否建立一个广泛的网络。你可以选择埋头苦干，只为你上司办事。但是这将会限制你的潜力，并且限制你和你团队完成额外工作的能力。作为一名高级管理者，你没有选择，必须建立一个人际关系网。因为这就是组织运作的方式。

◆ 有价值的关系

有价值的关系网不仅仅是认识很多的人。你认识的任何一个人都有可能对你有所帮助或是有所用处，你不可能总能预测出哪一个关系最有用处。然而，有些关系可能会更有价值些，比如那些你可以寻求帮助、建议、资源或信息的个体。一般来说，多一些这种关系总比少好，但是较深度的关系比仅仅数量上多来得强。

关系是相互的。建立关系并不只是你选择了对方，而也因是对方选择了你。不仅仅是你能从关系中获得什么，也是对方能从与你的关系中获得什么。因此在你构建你的人际关系网前先思考一下，你有什么能够吸引对方与你建立关系。

那么你应该选择与谁建立关系呢？你只有有限的时间这么做，并且你不可能与每个人建立有价值的关系。你需要决定投资哪些关系。建立职业关系的前提如下：

- 你能获得帮助、建议和有用的信息。
- 你能获得直接的影响力。
- 你能通过与你保持职业关系的人，获得间接的影响力。
- 你能被你所期望的人关注。
- 你能获得技能和其他资源。

能够满足上述条件的人很多。虽然显而易见，但是还是应该强调——要与个体建立关系，而不是与团队或部门建立关系。这些个体包括你的同事和上司。然而，一些具有影响力者其职位可能相对比较低，但他们拥有专业技能或与一些团体如工会等有着密切的关系。不要将自己局限在内部关系中。很多良师益友在你的组织外部。较之一个内部的支持者，一个愿意向你组织中的重要人物表达其满意之情的顾客，对你的帮助来得更大。

管理层级是你关系网络的一部分。如果可能的话，与你的上司和他们的上司建立牢固的关系。但是不要只局限于在组织层级关系上。很多事情是跨企业的，如果单纯注重层级关系，你就会失去建立这些关系的机会。

对于那些与我们相似的人，我们更具吸引力。审视大多数人际关系网，你不难发现它们都是由有着共同利益的人所组成的。也许你需要将你们的关系建立在共同利益上，但是你也应尝试发展多元化人际关系网。多样化的人群会对你有帮助，他们会带给你不同的经验、信息、见解、联系和多元的资源。

◆ 构建你的人际关系网

你会自然而然地与日常工作中接触到的人群建立关系。利用好认识他人的机会，但不要仅仅依靠这个。那些强大的人际关系网都是人们精心经营而来的。他们识别出哪些人在关系中是有益的，并创造机会去认识他们。

有时，在经营一段牢固关系的初期，我们更多地是投入，而不是索取。当你初次与你希望建立关系的人见面，你需要精心计划。你说什么、表示什么或提供什么才会使他们想与你建立关系。最好是像“电梯商业广告（elevator pitch）”那样，用简短的几句话迅速解释你的角色和你与你团队的独特性。

当你加入一个新的组织时，你需要特别下功夫去建立你的关系网。而维系一个关系网是一项持久的任务。关系网是动态的，并且始终变化的。它需要维系和强化。新的人群加入到组织，角色会发生转变，权力会转换。你需要对你的关系网做出相应的调整和改进。人们有时说，管理者需要管理两个层面，一个是团队中的个体，一个是整个团队。我认为还有第三个层面，即你的关系网。

你的政治能力在构建、维系和利用你的关系网中是非常有用的。在企业中，“政治”这个词往往带有贬义。但是政治能力本身并没有什么不好。它们可能会被用来达到不良目的，但是它们却是重要的能力。哪里有人，哪里就有政治。你无法避免它——你必须能够处理它。政治不是你的敌人，它是一种可利用的工具。没有它，你的职业生涯就无法得到很好的发展。

拓展你的关系网，即无论有多小，尝试扩大你关系网的范围。征求你所信任的人谁是值得发展关系的。如果他们知道这样的人，就让他们引见给你。作为回报，那些得到引见的人也可以帮助他人构建关系网。

◆ 利用你的关系网

一个关系网只有可被利用才是有价值的。利用你的关系网，以实现：

- 了解组织，并利用该信息来创造你的角色。
- 及时了解企业中发生的事情。因为许多有用的信息都不是正式公布的。
- 使你和你的团队受到关注。这有助于你和团队成员参与有趣的工作及获得提升。
- 得到稀缺的资源以帮助你实现目标。
- 为值得你帮助的人提供帮助。

庞大的关系网带来的一个危险是你不断被请求帮助或参与活动。你也会被淹没在太多你应付不了的信息中。因此，一个好的关系网构建者必须具备两项关键技能：一是在不得罪人的情况下学会说不；二是过滤信息，只关注相关信息。

若存在以下情况，需更加努力

- 你不了解一个好的人际关系网的价值。
- 你的关系网对你并不足够有用。
- 你经常觉得：如果你与组织中的人建立关系的话，你会更成功。

◆ 管理者备忘录

- 超出正常管理层级的关系网是至关重要的。
- 好的关系网不是随机发生的——它们是精心计划和构建的。
- 关系是相互的——你不能仅仅从关系网中索取，你还必须付出。
- 只有有用的职业网络才是有价值的。

Chapter 4
创建你的角色

◆ 关于什么，为何重要?

在第一节中，我们讨论了管理职责所涉及的各种活动；在第二、三节中，我们探讨了各种与管理者角色相关的利益相关者：你自己、你的团队、你的上司、管理层级，以及许多其他的利益相关者。在本节中，我们将所有上述要素都融合到一起，以研究如何创建你的管理者角色。

对于任何管理职位都有约定俗成的规定，什么你该做，什么你不该做。你在一个有着一定文化背景和预期的特定环境中工作。对于管理者角色，都有明文规定，例如工作说明书、能力框架及绩效目标。你必须理解这些东西，但是所有这些充其量也只能给你提供一个有关管理者角色的大致概貌。你不得不自己去探索对管理者的完整的要求，并构建起你自己的角色。

◆ 管理者的目标

■ 尽可能全面理解你的角色。

■ 当情况变化时，仍维持你的这一理解。

■ 选择最佳的实践活动。

实现目标时的常见问题

■ 信息是不完整的、不确定的，其中很多都是模糊不清的。

■ 有限的指导。

◆ 管理指南

情境：角色范围

企业中的各类角色均有一个设定的活动范围。这个活动范围有两个极端。其中一个极端是完全被定义的拥有有限决定权的角色；另一个极端是不完全定义的拥有几乎所有决定权的角色。

组织中最初级的角色趋向被归类为高度定义和有限决定权。这个角色有一组规定的任务要完成，以及完成任务所规定的顺序和流程。组织通过运用标准化和最佳实践的方法，诸如精益六西格玛生产管理模式等工具，力图提升这些角色的效率和绩效。这些角色的绩效受到严格评估，并且评估的时间间隔非常短，有时甚至是长期连续的。然而，并不是所有的组织都设有这样的角色，如专业服务性公司。现在越来越多的人正在扮演这样的角色，比如呼叫中心的员工。

组织中具有一定级别的角色所拥有的决定权会多些。尽管他们的角色也被定义，但是他们基本上可以自己决定做事的方式。这些人能够依据其专业知识和经验做出判断。

随着级别的提升，对于角色的定义会进一步减少，并且在许多方面均由该角色自己决定。而最高层角色可能只有年度目标是被定义的，甚至这些目标也可能是与角色协商后形成的。一旦目标被设定，至于做什么及如何做就可能完全取决于该角色。该角色不断监控市场情况，做出判断和选择，采取行动，以及动态地改变任务的优先级和关注点。

作为管理者，你处于该角色范围的某个阶段。你可能拥有一个合理且明确定义的角色，但你也可以行使一定的决定权和判断。在管理者的职业生涯中，你将不断从明确定义的角色向拥有更多决定权的角色发展。

拥有决定权的角色特征

决定权角色（discretionary roles）包括以下特征：

- 在可供选择的信息比较有限的情况下，需要决定做什么和怎么做。
- 许多利益相关者的需求都是不同的，有时甚至是互相矛盾的。
- 不断变化的需求。今天对企业很重要的东西第二天也许就不再重要了。
- 有限的资源和时间。即便利益相关者的各种利益是一致的，你也不可能有足够的时间或资源去满足所有的利益相关者的需求。

当你初任管理工作时，没有人会告知你的角色包括哪些工作，什么是你要关注的重点，什么是你可以忽略的，任务的优先级是什么等。你可能只被告知其中的一部分，而其他问题将在日常工作中零零星星地表现出来，并且不断变化或总是不够清晰。无论怎样，你都必须有效地去应对这样的情形。

当面对这样的情形时，有些人会表现出慌张和困惑。有些刚刚升任管理职位的人有时被这种不确定性压垮。但是随着时间的推移，大多数人会逐渐习惯这种情况。

管理者角色并不是为你设定的，你必须自己去探究和创造属于你自己的管理者角色。

◆ 探究、创造和兴盛

什么是你的角色？考虑到所有的变数，给出一个完美的答案显得不太可能。但是还是有一些答案的，这些答案或是错误的，或是令人满意的，或是非常合适甚至更好的。显然你希望尽量避免错误的答案。你能否找到你想要的令人满意的、非常合适的甚至更好的答案完全取决于你自己和你的抱负。

尽管你没有完全的决定权，但是如何塑造角色还是取决于你自己。比如，

- 识别约定俗成的事情：即涉及你必须做和按照所要求的方式必须做的事情。
- 限定角色：即不要去取悦每个人。确定你必须取悦的人和你可以忽视的人。如果你确定不了从哪个人开始，那么就从你的上司着手。
- 忽视你所不能产生影响的事情。

- 接受忠告：即寻求能在这方面帮助你的向导。这个人可能是你的上司，工作上的前辈或者其他良师益友。如果你去请求帮助，很多人都会乐意提供援助之手。

通过观察周围人们的行为来识别出约定俗成的事情。你需要找的是真正重要的东西，而非仅仅是他人告诉你必须做的事情。这点可以用以下的例子来加以说明。

- 很多组织有很多表面上的强制性行政管理流程，但是在一些企业中你会发现很多人忽视这些流程却从未在职业生涯中受到惩处。在这种情况下，这些流程显然不是真正强制性的。
- 在一些组织中你必须向上递交定期预算更新资料。如果你发现，每个人都像疯了似的成天为了这件事忙得团团转，甚至搁下其他的工作，那么这项工作就是强制性的。

你无法从一本管理书籍中了解真正的约定俗成的事情，而只有通过不断观察和倾听去了解你所在的企业及其文化。

以下是有助于你了解和轻松扮演你角色的其他方面。

- 接受你不能完成所有任务的事实：没有一个管理者这么做，你也不需要尝试这样做。
- 谨慎开始：做一些与你关系最密切的利益相关者（通常是你的上司和你团队中的同事）所做的事和想要做的事。
- 控制风险：寻找对你所做事情的支持和管理期望，告知上司你要完成的事情和你不会去做的事情，并确定这是他所期望的。
- 避免做出重大承诺：会有你做出重大承诺的时候，但绝非你初任管理职位之时。

黄金法则之一是你必须要一直做事情。管理者不能数日待在一个僻静的房间分析形势。你的上司期待你做事情，你的团队需要你提供指导、确定优先级以及做出决策。这些事情是不能耽搁的。一般来说，做一些次优的管理工作总比无所事事来得好。而且通过实际履行管理职责而不是思考这个角色，能够让你学到更多。

随着你对自己角色的不断熟悉以及你的关系网逐渐发展壮大，你的工作会变得更加充满冒险性和实验性。你需要通过从事不同的工作谨慎前行。你需要发现那些能够得到赞许和奖励的行为，并且花功夫去展现那样的行为。同时，你还需要发现那些会导致责备和处罚的行为，并且尽量避免那样的行为。你要识别出哪种行为能够满足你的愿望——尽力那么做。一旦你对自己有了信心，你就可以承担一些风险。

你并不是一个人，所以不必自己独自一人苦苦追寻。仔细观察周边的人，尤其是那些成功的人，发现那些他们做到而其他不成功的同事没有做到的事情，并且倾听有经验的同事之间的交谈。在此基础上，你就可以创建属于你的管理角色了。

你需要不断塑造你的角色。当你成为一名新任管理者时，了解该职位的相关情况是一项最重要最困难的任务。这项任务不会消失，因为企业不停地在改变和调整。因此你也必须不断地适应新情况。过段时间后，当你发现弄清不确定情况不再是你的首要任务，甚至已成为你的潜意识行为时，你就真正作为一名管理者开始茁壮成长了。

若存在以下情况，需更加努力

- 你不理解你的角色，感到困惑或迷茫。
- 你不时发现工作中的某些方面没有按照期望去做好。

◆ 管理者备忘录

- 不要指望有现成的、完全定义的角色。
- 所给出的角色定义是不完整的。
- 注意观察、倾听和理解你的角色，不断地调整自己对角色的理解。
- 如果你对自己应扮演怎样的角色还不那么确定，那就以一个有限的、谨慎的角色开始，等到你的信心和经验积累到一定程度时，再对角色慢慢拓展延伸。
- 无论你处于何种状态，都要有所作为。

第四篇　工作团队

第一至第三篇我们探究了如何理解你的角色以及构建你的团队。一旦你理解了自己的角色并且拥有一个团队，你就可以开始运作团队了。这就是第四篇的主题。

为了有效工作，团队需要从你那里获得两个基本的指导：对团队方向的共识及对团队任务的界定。本篇的第一、二节将对上述话题展开讨论。

工作很少能够完美顺利地进行，作为一名管理者，你必须做出各种各样的管理干预以保持团队方向并帮助团队成员克服困难。第三节比较了实施管理干预的两种方式：作为一名指导式管理者和作为一名教练。

最后，第四节描述了团队如何与组织中的其他人打交道。

Chapter 1
步调一致

◆ 这是什么？为何重要？

组成团队的基本原理是：团队的力量大于个体的力量。当团队成员步调一致，朝着同一个方向努力时，或者当团队成员坚守同一个目标时，团队就成功；当目标是模糊的，没有被共享或接受时，团队就失败。

确保企业中共同目标的标准手段是战略。战略被制定并由所有员工共享。战略旨在引导行为指向同一目标。企业的成功取决于正确的战略以及组织活动与战略保持一致性。

单个团队不需要战略。但是当团队成员齐心协力工作时，他们就需要一个共同目标的指引。我将这种共同目标称为愿景。对于你的团队来说，团队的共同目标便是你们的愿景。

团队成员希望其管理者给他们提供一个愿景。企业急切地希望新任管理者及其新团队快速建立共同的愿景。愿景有助于团队了解他们工作的环境以及他们应该努力的方向。正是愿景及详细的任务指示才使得团队成员步调一致。

人们通常会对清晰的目标做出积极的回应。缺乏方向感会使许多人失去工作的动力。我们经常听到这样的抱怨："我们没有愿景"或者"我们不知道我们能做什么"以及"但愿有一个好的战略"。

组织越来越鼓励获得授权的、自治的、自我指导型小组及个体。这样的小组及个体选择任务、按优先顺序处理任务，并且决定如何完成任务，而非不时地求助于他们的管理者。然而，就获得授权的员工这一概念而言，目前还只是停留在纸上谈兵阶段，没有实现真正的授权。如果授权是真切的，团队就会对共享愿景有持续的需求。如果团队成员没有共享愿景作为参照，那么在没有管理者指导和不断监控的情况下，团队成员就无法有效合作。最轻的后果就是团队效率低下，而更多情况是造成团队混乱。

◆ 管理者的目标

- ■ 团队拥有清晰的方向，这个方向与你的目标一致。
- ■ 团队成员认同这个方向。
- ■ 向共同目标行进的高效团队。

实现目标过程中的常见问题

- ■ 过于关注日常细节，无暇顾及团队前进的方向。
- ■ 无法将复杂性融合到一个单一、简单的愿景中。
- ■ 缺乏大局观，导致不合理的愿景。
- ■ 沟通及强化愿景的努力不够。

◆ 管理指南

愿景是重要的，我们必须予以重视。愿景需要我们付出努力去创造、维持、分享以及说服团队成员去追随。一个团队信奉并且为之努力的有效愿景将回馈给你一个多产的团队；一个不良的愿景带来的后果，轻则浪费时间，重则具有毁灭性。所以一个有效的愿景对于你和你的团队至关重要。

愿景包含了团队存在的意义，即它要做什么，往哪个方向努力以及为何要往那个方向努力。鉴于团队所处的环境及其历史背景，团队愿景就像一则好的广告，其内涵可能比文字所表达的深远得多。不存在唯一正确的愿景，但是有效的愿景具有某些固定的特征。愿景可以有多种形式。例如：

- 提供优质的订单流程服务以减少客户的交付时间。
- 提供比外部供应商更低廉的价格却等质的图片设计服务。
- 成为企业中首选的项目经理。

◆ 有效的愿景

有效的愿景应易于沟通，并非一定要宏伟或复杂。事实上最好避免复杂。愿景的目的是给团队所有成员一些可以持续参照的东西，以便思考："我正在做的事符合愿景吗？"如果是，则投入更多的努力；如果不是，则停止。用一句或几句话描述一个简洁明了的愿景往往能获得理想的效果。

一个好的愿景对团队意义重大，它应与团队工作相关，并且使用团队成员感到舒适的表述。你并不是试图让团队服从你的指示，而是让他们去接受和信奉一个他们置身其中的愿景。

一个有效的愿景被认为是可行的，但它也必须是可以延伸的。一个好的愿景是可测量的。根据愿景你能够评估自己的进展情况，团队能够评估其进展情况。参照目标来检查进展能够很好地起到积极强化的作用，从而激励个体发展并重复你希望的行为。

愿景与团队成员的信念和期望相匹配。即使人们是第一次看到或听说这个愿景，那也应当是他们直觉上认为正确的东西，但这可能只是理想状态，并不总能达到，因为有时团队成员的信念和期望会改变。如果愿景与团队成员现有的信念和期望相悖，那么你必须付诸更多努力与团队成员进行解释和沟通，以使他们接受。

团队愿景不需要创新或独一无二，它并非开放市场上的竞争策略，而是团队的指南针。

愿景给团队提供了一个做出判断和选择的情境及基础。团队成员的判断水平越高，他们对愿景的清晰度要求就越高。如果你希望团队成员变得更加自治，你就不应再提供给他们详细的工作指导，而是给他们一个方向及目标，让他们制定出具体细节。

◆ 对愿景的影响

企业环境相当复杂，你的一项工作就是理解这种复杂性，并且在这种复杂性中找到团队工作的路径。你可以做的最有价值的一件事就是作为一名管理者为你的团队厘清各种要求。一旦你有了方向感，你便有了愿景的基础。这时，你就可以将愿景与团队进行沟通了。

你的愿景来自于你对大量想法、愿望及信息的理解，而非你的异想天开。愿景的主要来源包括以下几点。

- 外部对团队的要求：来自管理层级及其他利益相关者。
- 你关于团队如何前进与发展的个人观点。
- 你所选择倾听的团队成员的视角。

愿景的主要来源应该是公司的战略、使命和愿景陈述。如果它们对于你的团队来说已经足够清晰和有意义，那么你可以直接使用它们；如果它们还不够清晰和有意义，你就需要对它们进行转换以适合你团队的情况。

理想来说，愿景是建立在团队成员的视角和观点上的，你的团队需要为了愿景而生存和工作。如果团队成员能够参与到界定团队愿景的过程中，那么达成愿景就容易得多。

◆ 使用愿景

只有你经常与团队成员进行清晰的沟通，愿景才能达到团队共享。如果你希望自己与团队成员的沟通是成功的，那么愿景就必须简洁明了。这并不是小瞧或低估团队成员的智商，而是因为只有清晰和简单的指南才便于记忆及不断参照。

沟通需要适应听众和情境，不同的团队成员需要通过不同的沟通方式获取不同的信息。作为管理者，你需要懂得团队成员的沟通偏好。有些团队成员只需要知道为什么要追求这个愿景，而其他团队成员则需要了解更多信息。对于一些人来说，愿景不像是提供方向感，更像是提供准确的指导。

在沟通愿景过程中，你说什么并不重要，而你是如何说的将影响你的沟通有效性。通过以正确的方式诠释愿景，你能够形成人们对愿景的理解和态度。你需要强调愿景的积极方面以及达到这一愿景的积极结果。

为了让团队成员接受你的愿景，你的行为比沟通更重要。团队会跟随你是因为你做了什么，而非你说了什么。愿景的真诚度如何，你的行为会说明一切。没有人会相信你的愿景，除非你身体力行，并制定与之匹配的决策，更重要的是你必须对符合愿景的表现和行为进行嘉奖。如果你总是表现得与愿景背离，包括制定与愿景相悖的决策、奖励与愿景不符合的行为，那么作为管理者，人们可能会跟随你，但人们不会追随你的愿景。

◆ 愿景与真实世界

企业中总会进行一些不符合愿景的活动。比如，在每年的特定时间所做的年度预算计划，你会发现相比平常增加了许多工作，而这些工作的目的并不是为了实现愿景。这是不可避免的，因为工作不可能总是符合所设计的框架和边界。但是，不符合愿景的工作应当是例外，而不应是常态。如果你工作的大部分都与愿景不一致，那么你可能拥有了错误的愿景或你选择并优先安排了错误的活动。

愿景不可能立即实现。你必须管理好你自己和团队成员的预期，有价值的愿景是需要花费时间去实现的。

若存在以下情况，需更加努力

■ 对于团队你没有一个清晰的方向感。

■ 团队成员经常抱怨他们不理解公司战略或团队目标。

■ 你必须在过度的监督下，才能将工作委派给团队成员。

◆ 管理者备忘录

■ 管理者的关键角色就是理解企业环境，为团队确定一个清晰、简单、有意义的方向。

- 共享的方向感和共同目标对于有效的团队和获授权的个体来说至关重要。
- 最成功的愿景是建立在团队成员的参与和见解上的。
- 沟通愿景是管理者的一件重要且贯穿始终的任务。
- 团队成员会更多地关注你所做的，而非你所说的。你的行为必须与愿景保持一致。

Chapter 2
切分蛋糕

◆ 这是什么，为何重要？

很显然，你无法独自完成整个团队的工作。工作应该在团队成员之间进行分配。你授权什么？任务分配给谁？如何分配？这些都是你需要做出的最基本的选择。

在授权过程中存在许多相互冲突的目标。你授权的方式会影响团队的产出。随着时间的推移，你在分配任务过程中所做出的选择同样也会影响到团队的风险及团队对企业的价值。

授权是管理者的一项持续的日常工作。授权决策可能是复杂的，但却是经常性的工作，所以不太可能会变得繁重。你需要培养迅速判断形势以及在授权结果之间找到正确平衡点的技能。

作为一名管理者，你的绩效是由团队的成果来衡量的。只有有益于团队成果的你的个人表现或团队中任何个体的表现才是有价值的。该团队成果是某个人的责任，那就是你。当发生团队成员绩效低下时，就需要你去处理。如果每个人都绩效低下，那就说明你管理不到位。导致这种现象最根本的原因通常是不良的授权，但是授权恰当与否全在你的掌控之中。

◆ 管理者的目标

- 在任务分配方面，充分权衡个人愿望与团队需求。
- 权衡即时的产出要求与长期的技能发展及风险管理。
- 充分调动团队成员的积极性与参与度。

实现目标中的常见问题

- 每天的压力及产出目标使得团队成员关注短期利益。
- 管理者不愿意授权。
- 规避风险导致了过度谨慎的任务分配。

◆ 管理指南

权衡行为

好的授权应能平衡冲突性需求

通常，你希望通过授权以找到完成任务的有效方式，你也希望有一个能够按照标准完成尽可能多的工作的高效团队。但同时你也希望激励你的团队。不同的团队成员渴望从事不同的工作。你如何分配工作将直接影响他们的工作参与度。

当你从长远角度思考时，情况会变得更加复杂。你给团队成员分配任务的方式会影响个体的进步及其技能的培养。你可以基于当前的技能为个体分配工作，组建一个由具有丰富专业技能的个体组成的团队。或者，你可以在整个团队中分享工作，这样每个人都可以参与到每件事中，由此形成一个技能共享的团队。丰富的专业技能对团队是有益的，但它同时也增加了风险。

当专业化程度较高而团队中普通技能较少时，如果团队中有一员缺席或离职，你面临的问题会很多。在某些特定的领域，只有少数拥有专业技能的员工对于企业来说是一个很大的风险。这样的个体可能是年轻人，如果你让他们担任一项他人无法替代的任务，那么你就会给公司带来风险。而另一方面，平均分配工作以使每个人都能开发共享技能的做法通常无法使团队达到多产的效果。

这些冲突性压力可归纳如下：

- 为了多产，你分配给团队成员他们熟知的并且之前已经进行了无数次的工作。为了调动他们的积极性及提高他们的兴趣，你允许他们从事新奇的、不同的活动。
- 为了最大化产出，你将工作分配给团队中最有能力的成员。为了促进团队的学习能力和发展，你将工作分配给团队中能力相对较差的成员。
- 从个体角度考虑，你希望每个团队成员都是积极的、享受他们的工作并且不断学习，从团队角度考虑，你需要最大化短期及长期产出，最小化公司风险。这些都是相关的，但它们却是不同的目标。

获得预期的结果是一个动态的权衡过程。有时产出是最重要的，有时你也可以为调动积极性及不断学习而对工作进行授权。你需要特别认识到的一个问题就是平衡，因此你需要不断寻求最佳的平衡。

如何授权

一旦你决定了将工作分配给谁，那么接下来的问题会是如何指导个体完成工作。指导的范围从给出一个你希望工作如何进行的具体界定到需要不折不扣达到预期的目标，让个体去完成具体步骤。

给出什么样的指导取决于个体及情境。一般情况下，经验越丰富的个体所需的指导越少。如果你希望个体得到发展，那么你需要减少提供的信息量并且鼓励个体自己确定工作细节。然而，在高压的情境下——紧迫的期限或重要的活动，人们倾向于通过规范化及谨慎来选择被分配的工作以最小化风险。

冒险有益处。对于许多人来说，在没有具体指示下完成要求较高的任务是对他们自身的一种信任并且会调动他们的工作积极性。此外，分配给团队成员要求较高的任务有助于他们学到更多的东西。为了团队的发展，你必须适当冒险。你可以通过监测进程对其进行权衡。

你应该对团队成员进行辅导，使他们在探索、理解和接受任务方面变得高效。为了达到这一效果，他们需要在接受任务之前学会提问。你可以通过鼓励他们制订自己的工作计划而不是提供给他们全部界定好的内容来帮助他们培养这些技能。

你并不需要参与到每项工作的分配过程，否则你会被这些工作淹没。你应建立一个机制，即可以清晰表明工作分配的方式，据此团队成员可以进行自我工作分配。如果你成功设立了这样的机制，你的工作将涉及较少的分配任务，更多关注权衡产出、学习与激励。

你的管理工作量

授权给团队成员什么样的任务似乎是显而易见的。但事实上，并非总是清晰划分的。哪些工作属于团队，哪些管理任务属于你，两者之间的边界是模糊的，甚至管理工作也可以进行授权。你的工作是确保完成任务，但没有必要亲力亲为。

在团队中你可以授权的任务包括：预算计划、主持会议、指导年轻的团队成员、会上发言以及在一些事件中代表团队。

你能将多少管理工作分配给团队？你必须考虑的因素包括：团队的技能、承担管理任务的能力、一些工作的敏感性及恰当性等。但是这也取决于你的愿望及任务本身对于培养团队成员管理技能的重要性。

通过在团队中培养管理技能你不仅为企业创造了价值，同时也为自己的升迁创造了条件。如果你从不将管理任务分配给团队成员，那么他们将不可能学会如何成为一名管理者。如果你是团队中不可或缺的人物，那么你将不可能得到升迁。如果有人能够接替你的职务，那么你就能得到升迁。

你的管理角色成功与否取决于团队绩效而非你个人忙碌的程度。不要因为你感觉需要通过忙碌来凸显自己的价值而把持所有的管理工作。通过授权部分管理工作不仅可以使你的生活变得轻松，而且还可以为公司增值。

你是希望经常性地加班还是晚上能够按时下班回家？你必须谨慎地衡量亲自做多少工作以及确保其他团队成员完成多少工作。当管理者被认为是“怕工作”时，就不会得到团队很好的响应；而如果你的上司经常看到你无所事事，那么他就不会赏识你。此时，你就需要找到一个平衡点。

针对你要完成的任务不妨问一下自己：团队中有人能够完成这项任务吗？其他人是否能从执行这项任务中获益？你的工作中有多少是你必须去做的以及有多少是可以选择做的？通常，你可以大胆地信任他人，即使事情做错了，你也无须大惊小怪，他们从中可以吸取教训，积累经验。

三个悖论

我想以普遍存在于管理界的三个悖论来结束本小节的讨论。这三个悖论是：

■ 多任务处理（multitasking）是有益的。

■ 最佳团队也是最忙碌的团队。

■ 团队是灵活的并且可以被充分利用的。

第一个悖论是，多任务处理是管理者渴望做的事。多任务处理通常很重要，如果能够圆满完成这些任务的确表明你能力非凡，但不至于说人们渴望这么做。较之一次完成一项任务，多任务处理常常比较低效。现实世界十分混乱，突发事件的频频发生需要马上处理。而有些任务你必须等待其他行为发生之后才能完成。这时，为了利用该间隙，你就有必要采用多任务处理方式。当然，这种方式应该仅在需要时使用，而不该不加选择地滥用。

第二个悖论是，最佳团队也是一个最忙碌的团队。最有附加值的团队是完成了最有附加值任务的团队。目的在于多产而非忙碌。通常你会很忙——但是忙碌是一个事实而不是一个目标。在不忙碌的情况下增加了价值才是真正的效率。

第三个悖论是，管理者必须在确保团队拥有充足的资源以应对庞大工作量的同时充分利用团队。你不可能同时做到以上两点。你可以通过持有一定的多余资源或通过让人们忙于随时可以停下的工作来保持灵活度。另外，你可以集中100%的团队力量在重要的、高度优先的工作上。你必须决定灵活度和高利用率哪个更重要。

若存在以下情况，需更加努力

■ 你的团队不高效、不灵活，或者没有开发必要的技能。

■ 在关键的领域你依赖于少数技能娴熟的个体。

■ 团队成员对工作缺乏兴趣。

■ 你没有明确的可接替你职位的人选。

◆ 管理者备忘录

■ 授权是管理者的日常任务。

■ 你的授权方式会影响团队的产出、激励、技能开发及风险。

■ 你可以将你管理工作量的大部分进行授权。这样做不仅能够提高团队成员的技能，而且也能使你获得升迁的机会。

■ 多任务处理及忙碌是不可避免的，但其本身并不是管理的目标。

Chapter 3 教练还是掌控者?

◆ 关于什么，为何重要?

在很多情况下，你需要支持你下属的工作。如果团队成员之间相互不了解，目标定位不清，看不到前进的方向，那么问题就会出现，障碍就会产生，命令就会被曲解，进度就会变得缓慢，质量就会不达标。当上述任何一类情况发生时就需要管理者进行干预。

同样，团队成员之间也经常会发生人际关系问题。通常不介入其中是最好的，即让团队成员自己解决。但是在很多时候，职业关系会糟糕到破坏团队的绩效或凝聚力的程度，此时你必须进行干预。

解决这类问题的干预方式有很多种，其中一种有效的方式是考虑两个极端。一个极端是你扮演教练的角色，另一个极端则是你是拥有充分决定权和命令权的控制型管理者。

作为控制型管理者：你确定问题的解决方案和应当采取的适当行动，你指挥个体按照既定的步骤采取行动。

作为教练：你鼓励个体发掘自身固有的智慧去解决问题，你会通过提问的方式鼓励个体去思考，而由团队成员自己制定问题解决方案，并采取适当的行动。

每一种方法都有其自身的优势与劣势。如果你是这个问题领域的专家，你能够直接快速地基于你的视角想到正确的问题解决方案。辅导则会花费更多的时间，但通常能带来可持续的效果。个体从中学会如何自己解决这类问题并且在未来不需要太多的帮助。

理解什么时候扮演控制型管理者的角色、什么时候扮演教练角色会有助于你成为一名高效的管理者。

◆ 管理者的目标

- ■ 同时开发控制型/指令型及辅导型风格的管理干预。
- ■ 针对情境使用最恰当的干预类型。

实现目标过程中的常见问题

- ■ 缺乏使用辅导技能的意识、能力或意愿。
- ■ 一些企业文化并不支持辅导型干预。
- ■ 一些团队成员不愿配合辅导型干预。

◆ 管理指南

首先对辅导型干预与指令型干预之间的区别做出必要的解释。想象你观察到团队成员纠结于某个问题并且意识到自己应该通过干预以给予帮助。此时有两点需要考虑：

- ■ 谁来进行这项干预？
- ■ 这项干预的本质是什么？

这并没有白纸黑字的规定。但是，一般来说，指令型管理者将会从员工入手开始干预。干预通常是以指导的形式呈现，即告诉个体做什么，积极主动地帮助团队成员。教练更可能让团队成员自己决定什么时候需要帮助。当团队成员寻求帮助时，管理者的干预更趋向于这样一种形式——提出探索性问题以帮助个体自己找到解决问题的方案。个体在教练的辅导下从其自身寻求帮助。那么哪种方法更好呢？这取决于在特定的情境中你期望通过干预实现什么目标。如果你唯一的目的是确保一项任务迅速完成，达到高水平的质量以及你所期望的精确性——那就采用指令型方法。如果你试图帮助个体成长，使他们更加深刻地理解自己的工作以及发挥他们自己的创造力——那就采用辅导型风格。

当然，最根本的还是取决于你作为一名管理者的心智模式，你是将自己看作实际操控着团队及他们做事方式的人，还是将自己视作一个帮助提升团队成员自行完成任务的能力的促进性的角色。

◆ 辅导型干预

对于一些管理者来说，辅导型干预可能是一种不熟悉或者不适应的干预风格。但是你一旦习惯了它，你会发现它不仅大大增加了团队的自主权，同时也增加了你自己的自主权。

辅导团队成员有着显著的优势。在一个辅导型关系中，团队成员对他们的工作及其个人发展担负起全部的责任。团队成员的发展是辅导型干预的关键性优势。反复被证明的一个事实是经常被告知如何做的人学到的东西远远少于被鼓励培养自己见解的人。从短期来看，辅导可能会花费你大量的时间，但是，随着时间的推移，团队成员自信心及技能的提升会减少你整个的管理工作量。

除此之外的另一个好处是接受辅导的员工倾向于拥有更高的工作满意度和归属感。

将你的方法转变为辅导型风格需要调整你与团队成员之间的关系。作为一名教练，与其说你是团队成员的上司，还不如说你只是提供给他们使用的资源。团队成员继续他们的工作并由他们自己决定何时寻求你的帮助。在向你寻求帮助的过程中，个体不仅需要明白所期望的结果是什么，而且还要努力找到达到这一目标的有效途径。你的作用就是帮助他们找到自己的路径。

你与团队成员谈话中的细微变动可能会改变你与团队成员之间关系的本质。“我认为那样行不通”与“为什么你认为那样行不通呢”这两句话在措辞上并没有多大差别——然而前者是鼓励个体向管理者寻求答案，而后者则鼓励个体自己寻找解决方案。

辅导型干预的另一个优势是，作为一名管理者你无须知道每个问题的答案。对教练而言，最恰当的态度不是“我知道答案”，而是“我肯定你知道答案”。在辅导型干预中，你把解决问题的责任抛给团队成员，而你真正的责任乃是帮助个体发展。

辅导对于管理者来说颇具挑战性。所有的管理者发现他们身处这样的情境之中：“好吧，还是我自己来完成工作。”但作为一名教练，你必须避免这种情况。采用辅导型风格需要你对团队成员的能力及其被辅导的意愿有一定程度的信任。

辅导是强有力的并且是管理技能中一个重要的组成部分。如果你不知道如何进行辅导，那么你应该寻求建议及参加培训。理解辅导最好的方法之一就是你自己去尝试接受辅导。

指令型干预是否也有其可取的一面呢？

辅导型干预听上去神奇无比，其拥护者们认为它是解决世上所有问题的万能钥匙。事实上，辅导型干预并非总是理想的方法。

在高压情境下，随着日渐逼近的最后期限，辅导型干预可能是你无法支付的奢侈品。如果一栋大楼着火，你需要做的不是辅导人们如何走出大楼，而是直接告知他们如何迅速逃离。企业中的最后期限通常就像一栋着了火的大楼。

此外，只有当个体愿意接受辅导时，辅导才会发挥作用。人们不可能一直都积极配合辅导。有时可能表现出“给我答案就好”这样的态度。在这种情况下，最好继续坚持辅导型干预。然而，团队成员的态度必须是希望解决问题。如果团队成员没有能力或意愿去解决问题，那么辅导型干预将不会发挥作用。

管理者有时不太愿意采用辅导型干预，因为他们感觉他们在高压的环境下工作且团队成员也缺乏接受辅导的能力。这通常是借口，辅导型干预是需要时间去习惯的。从未接受过辅导的个体一开始会觉得很奇怪。但是随着时间的推移，他们会慢慢习惯并且学会如何赏识它。如果你从未花时间帮助团队成员自己解决问题，那么你永远都不会有这样的时间。如果你超负荷地工作，那么你仍将继续超负荷地工作，并且深陷于团队中的每一个问题而不能自拔。

你可以融合指令型和辅导型风格。你可以将团队工作视为由三个层面构成。最顶层是要达到的目标，第二层是达到这些目标必须完成的工作，最底层是完成这些工作的方式方法。你可以在不同层面融合指令型干预和辅导型干预。

建议应用这种模式，有时，针对如何达到目标、如何完成任务，你可能需要完全采用指令型干预；有时，你可能在目标及做什么上面采用指令型干预，但是鼓励团队成员在你的辅导性支持下制定出如何完成任务的详细方案；有时，目标可能是约定俗成的，但你需要鼓励团队成员在你的辅导性支持下制定出做什么以及如何达到目标的详细方案；有时，你甚至并不采用指令型干预，而是让团队成员自己制定所有层面的解决方案。

有效管理并不是一种风格或另一种风格的问题，关键是针对不同的情境运用适当的风格。太多的管理者依赖于指令型干预并在将自己定位于教练方面缺乏足够的能力或信心。其实大多数团队需要较少的细节指导，而他们的管理者却不这么认为。

若存在以下情况，需更加努力

- 在对员工进行干预的工作中你仅仅采用一种风格。
- 你无法放手不属于你管理工作范围的任务。
- 你的员工并没有得到发展并且在很大程度上依赖于你个人所拥有的专业技能。

◆ 管理者备忘录

- 在高压情境中，伴随着紧迫的最后期限及员工无法很好地配合辅导性干预时，指令型干预是最佳的选择。
- 辅导型干预有助于员工自身的发展，并且他们会立即变得更加独立及需要较少的管理支持。
- 辅导型干预看似工作量庞大，但是从长远来看，这种投资最后回报给你的会是更加自给自足的团队成员。
- 你无须二选一，你可以将指令型干预与辅导型干预进行融合。

Chapter 4

没有一个团队是一座孤岛

◆ 关于什么，为何重要?

企业是由互动于工作流之间的团队所构成的。这些工作流便是你企业的流程。企业流程设计或运作得好坏决定了你工作的难易程度。有效的管理者不仅明白团队运作的详细情况，也会定期监控团队与组织其他部门联系的方式方法，他还会积极地去影响团队之间的互动。

高效管理者不仅需要熟知团队运营的细节，而且还应该定期监控企业中其他相关团队的运营状况。高效管理者积极寻求并处理好团队之间的相互作用关系。

你的职责是将团队打造成组织的一个完整部分，而非一座孤岛。如果你仅仅关注自己的团队，那么，你的团队将是孤立的，从而变得低效而游离于组织之外。如果你希望你的团队在组织中有良好的绩效和价值，那么你就必须与其他相关团队成功整合。

团队整合的重要性则取决于你的资历。相对于初级管理者，高级管理者基本上会花费较多时间关注点对点的企业流程，而花费较少时间用于单个团队的具体操作。

◆ 管理者的目标

■ 将团队视为组织不可分割的一部分，优化团队的价值。

实现目标过程中的常见问题

■ 难以从点对点的视角看待企业。

■ 缺乏政治敏感性或技能。

◆ 管理指南

企业流程

每一个团队的工作都是整个企业流程的一部分。在企业流程的思维中，你与供应商团队进行互动，供应商团队从事前期的工作并将工作转移给你。然后，你与顾客团队进行互动，并将工作又转交给他们，由他们完成接下去的工作。这个流程分为两端，一端是你购买产品和服务的外部供应商，另一端是你提供产品和服务的外部顾客。你通过工作于外部供应商和外部顾客之间为企业增加价值，该增加的价值便是企业的基础。

你团队的工作质量和数量取决于供应团队的工作。通常好的流程设计包括诸多方面，但一个基本原则是转移给你的工作（你的输入）其质量应该是可接受的。你不应该花费努力来检查供应商团队的工作质量或重做他们的工作。当你完成工作后，也要确保转交给后面团队（你的输出）的工作质量，这样接下来的团队才能有效地利用你的工作成果，而不必花费更多的时间检查或者修改你已完成的工作。

只有充分了解后端团队的需求，你才能确定怎样的输出是好的，因为他们是你的顾客。同样，你也会从前端团队那里获得合适的输入，因为他们会按照你的要求进行生产。好的流程设计始于满足最终顾客（从你那里购买商品和服务）的需求，并通过组织再返回到外部供应商。

一些读者也许会感到疑惑：难道这就是基本的流程设计？流程设计的这些原则并不新颖，甚至已经存在好几十年。这些原则以各种各样的版本存在，如六西格玛法提出的“顾客的声音（Voice of the Customer）”概念，众多企业为之竭尽人力和财力。

然而，企业流程中仍然比较常见的一个现象是，部门之间在交接工作过程中，接收部门做的第一件事情就是检验和改善从上一个部门接手的产品的质量。之所以这么做是因为团队之间缺乏信任，通常是由于差质量工作交接的历史原因所造成的。这种做法是浪费。如果在一个流程中多个环节存在这种状况的话，那将是巨大的浪费。

而如果团队之间的资源分配不均衡的话，那么这种浪费现象就会更严重。你会发现一些团队可以生产x件产品，但是利用这些产品的团队只能加工其中0.9x件产品。反之亦然。这就导致了一些环节工作积压，而其他环节员工无所事事。这是一个瓶颈问题。一个增强企业流程最有效的途径被称为“约束理论”（Theory of Constraints），该理论着重识别和消除上述瓶颈问题。

通过精细化管理，改善流程设计和计划，这类问题是可以被解决的，至少是可以减少的。但是，作为个体管理者，你通常没有足够的权力来重新设计整个流程，你也会感觉你根本就是无能为力。

你无法解决所有的流程问题，但是你还是可以有所作为的。你可以从以下方面努力：

- 与顾客密切合作，以确保所提供的产品在产品规格、交货时间、产品数量及质量上符合他们的需求。
- 与供应商密切合作，以确保他们提供的产品在产品规格、交货时间、产品数量及质量上符合你团队的需求。
- 针对经常出现问题的流程环节，说服高级管理者和流程设计者重新设计。
- 如果你有兴趣，你可以自愿组织一个流程再造团队去解决点对点的问题，但是不要低估该工程的工作量。

最初在分析流程时，你会发现整个流程存在太多的问题，显得支离破碎。你无法解决所有问题，所以你需要从最严重的问题着手。通常，所识别的问题往往只是问题的表征，而非导致流程失败的根源。如果你深入挖掘，你会发现导致流程随后一系列问题的原因在于该流程一开始的工作。一个经典的例子是：订单的质量是由销售部门制定的。一旦解决了大部分流程的前端问题，整个流程的运转就会变得平顺和高效。

关系网络

团队需要作为流程的一部分去工作，并且尝试去优化该流程，这是组织中广泛存在的现象。你的团队不是一个独立的实体，它拥有一个相互作用的关系网络，这对高效的团队工作至关重要。

许多团队不仅仅只拥有一个顾客和一个供应商，也不是单个业务流程的一部分，而是拥有许多顾客和供应商，参与多个流程的工作。如果你的团队是一个支持性部门的话，如IT和财务，就会被卷入多个业务流程。有时，在一种工作情境下的你的顾客团队在另一种工作情境中却成了你的供应商团队。除非你对这些交互作用有清晰的了解，否则，你很难运营一个高效的、增值的团队。

这是一个充满政治的世界。

清晰界定你团队在组织中的形象是十分重要的。这个形象可以在企业普通的图表中得以描述，如组织结构图、流程图、系统构架图等。这是企业的技术性形象（technical image）。

确保管理者运用的技术性形象是正确的和被普遍接受的是一项重要的活动。通常情况下，工作实际与官方形象是有所不同的，而且管理者的视角也是迥异的。

但是，从原则上讲，该技术性形象也可以是客观的、通用的，可以通过理性思考和分析进行设计和理解的。技术性形象体现在企业的各个方面，包括其输入与输出、产量和预测、层级制和网络界面等。

大多数高效管理者还意识到另一种企业形象，即企业的人性化形象（human image）。人性化形象涉及关系、兴趣及个性等。这类形象是主观的和因人而异的。不同的管理者可能拥有相似的人性化形象，但它们绝不可能完全相同。这样的企业被认为是高情商的、充满政治的，其人性化形象主要是通过联盟、支持、选择性信息分享等来体现的。

例如，某个层面流程的重新设计是一个相当理性的活动。但是，实际上，如果流程改变了，某个管理者的权利和资源也会发生改变。有的管理者会认为他们是赢家，而有的管理者会认为他们是输家。赢的一方会继续支持流程的重新设计，而输的一方则会予以抵制。除非你对这类人性反应保持高度警惕，否则在组织的某个层面你将寸步难行。

理想状态下，所有的管理者向组织共同战略看齐，分享共同目标。但事实上，在组织中一些管理者是你的盟友，另一些人则是与你道不同、志不合。造成这个不同的主要原因是企业的组织结构、流程和系统设计的不合理。此外，管理者对待工作的不同理念和方法以及他们之间的性格冲突也是造成这种现象的主要原因。你可以减少这些不兼容的利益，但是你却无法予以完全消除。

企业对于人性的处理经常被贴上政治的标签，并且被认为是一件坏事。因为在有些人看来，你不应让自己卷入政治中，只有阴险狡猾的人才会玩弄政治把戏。这其实是非常幼稚的想法。政治是人类互动的自然表现，某些政治行为是错误的，但是政治本身对于组织中完成任务却是至关重要的。如果你想得到晋升的机会，那么你必须学会处理并且参与组织政治。

若存在以下情况，需更加努力

■ 你不知道你的顾客和供应商是谁，或者他们的需求什么。

■ 你经常接收到劣质的产品，或者过多或过少的产品。

■ 你认为质量检查和返工接收到的产品是必要的。

■ 你对组织的技术性层面和人性层面缺乏充分了解。

◆ 管理者备忘录

■ 你的团队是一个或多个流程的一部分。你必须设计你的产品以满足顾客的需求，同时要求供应商提供有助于你达到上述目标的产品。

■ 管理者应该注重两个企业形象：一是包括组织结构图、流程图和系统的技术性形象；二是涉及关系、兴趣和个性的人性形象。

■ 政治并不坏，它是组织的重要组成部分。如果你想成为一名高级管理者，你必须开发你的政治敏感性和政治技能。

第五篇　卓有成效的团队

第四篇讨论了管理的核心基础，即为你的团队提供方向并分配任务。基于此，第五篇将探讨如何将你的团队从碌碌无为变得卓有成效。

本篇前两节讨论了有关激励、进度跟踪以及绩效管理的重要问题。对所有管理者来说，激励团队、跟踪进度和管理绩效的能力是必不可少的。

第三节考察了一个次要但却也是很关键的问题：你的团队成员会对他们拥有的权利以及工作中的平等待遇有一定的期望和信念。作为一名管理者，你的行为会直接影响这些期望和信念。如果团队成员持有的期望和信念与管理者所能给予的不匹配，那么这种情况下可能会出现问题，而这也会显著降低团队的效率。

最后一节讨论了一项看起来会耗费企业更多时间和资源，实际上也是在浪费时间的任务——会议。在现实生活中，有一些会议是必要的，但很多会议都是毫无意义的。该小节探讨了你应该开哪些会，以及你如何确保会议的有效性。

Chapter 1
吸引并激励团队

◆ 关于什么？为何重要？

我们经常会发现，人们在工作中并没有发挥其最佳水平。一些团队成员几乎无所作为，而其他的则没有足够的工作可做，这是因为团队成员的能力存在很大的差异。但是如果你拿相同能力的员工作为例子，他们的表现仍旧有很大的差异。导致这种绩效差异的主要原因是由于管理者吸引和激励团队成员程度上的差异。

参与（engagement）源于个体团队成员的信念和愿望与任务的性质和团队目标之间的关系。激励（motivation）源于为鼓励人们努力工作而提供的刺激。为了更好地理解这两个概念，我们可以将两者概括为：“参与”是指内在激励或自我激励，而“激励”是指外在激励。

你的行为以及你如何去吸引、激励你的团队在很大程度上会影响团队成员的参与度和激励水平。如果你的团队参与度很高且受到很大的激励，那么整个团队会取得最佳绩效，同时也能避免很多绩效问题。一个受到激励的团队和未受到激励的团队在工作效果上的差别可以是天壤之别的。

◆ 管理者的目标

■ 了解团队成员的参与度，为每个成员分配最合适的工作。

■ 运用现有的杠杆达到最佳员工激励。

实现目标过程中的常见问题

■ 选择了与工作活动、团队或组织目标不相符的员工。

■ 不合时宜地使用或缺乏激励杠杆。

■ 没有给予参与度和激励足够的考虑。

◆ 管理指南

你需要通过吸引和激励员工以确保其产生有益的行为。那么你希望你的团队成员呈现怎样的行为呢？答案似乎是显而易见的：你希望使他们的绩效最大化。但是，激励的理由远比回答这个问题要来得复杂。比如，你可能还希望通过激励使员工留在组织中，以降低员工离职率以及减少常规招聘的成本和损失。除非你明白你所希望的行为，否则你的激励策略不会奏效。

为了简洁起见，我用“绩效”一词来概括你想鼓励团队成员呈现的任何行为，但切记，这个词是任何你希望获得的结果的缩写。

参与度

有些个体会很自然地参与到团队的工作中去，他们会全身心地投入到团队任务中，并且认为团队或组织的成功对他们是有吸引力的。

如果你能为团队成员分派他们感兴趣的或喜欢的工作，他们就会得到自我激励。团队成员希望参与并完成能给其带来满足感的任务。参与度也可以通过为人们提供符合其价值观的工作来实现。这些任务也许没那么有趣，但如果这些任务能直接实现团队成员所坚信的目标，那么他们也会积极地参与进来。这种现象多见于公益和慈善部门，那些部门给予较高层次的精神激励及相对较少的物质奖励。

将工作任务与人们愿望进行匹配自然存在诸多局限性。如果某个员工喜欢做的事情不在你团队的工作范围，你就无法为他提供他喜欢的工作。也有一些工作是没有人喜欢做的，但是却是必须要做的。有时候一些任务需要专业知识，而团队中的唯一专家却对该工作并不感兴趣。大多数员工的个人信念与组织的目标是不甚相同的。

持续地向团队成员沟通正确的信息以使他们认识到其工作是有益的或符合其个人信念的，但这种方式只能在某种程度上起作用。然而，确保团队成员的高参与度关键在于招聘阶段的工作。如果挑选的个体喜欢这份工作，那么这会为团队带来很大的好处。遗憾的是，招聘过程也会发生错误，你不得不选择那些态度不端正的求职者来工作。而你应该去尝试挑选那些对你的工作最感兴趣的人。一个在面试时丝毫不关心工作内容却对物质奖励格外在意的求职者是不可能具有高参与度的。

当某一成员对手头的工作不感兴趣时，你也可以通过提升其对团队的高度认同感来实现其参与的目的。如果你的团队成员拥有很强的归属感，那么他们就会希望最大化团队的成果。

激励

激励是通过团队成员感知到他们获得的报酬与他们的绩效之间的关系来实现的。报酬有各种各样的形式，从表扬、对某人行为的认可，到金钱、晋升、职业发展。虽然物质奖励是组织和团队成员期望的一个重要部分，但它不是唯一的激励因素。

激励是针对个人的，每个人因为不同的事情而受到激励。尽管可以对激励进行一般性的概括，但你还是要谨慎以避免过于宽泛的假设。

对于工作激励，必须在取得的成就与获得的奖励间存在明确的关系。而且对于你希望鼓励的行为而言该关系是清晰的。要做到这一点你需要平衡以下几个方面。

- 个人绩效：如果要使个体绩效最大化，那么报酬就一定要与个体的努力或成果直接挂钩。过度关注个体行为带来的风险是忽视团队的产出，如销售经理会注重销售额来提高个体绩效，而不顾销售额的质量或恰当性。如果你希望达到个体的高绩效，那么个人激励是很有效的；但你如果想构建一个团队，那么个人激励就不那么奏效了。

■ 团队或公司绩效：如果要使团队或公司绩效最大化，那么报酬应该与团队或企业绩效挂钩。这里存在两个风险：首先，会有一些搭便车者，他们获得的报酬是基于其他人的工作；其次，高绩效的人看到报酬平摊到团队的平均绩效时，他们会失去动力。

一般而言，正确的做法是有一个混合型激励措施，一些是个人的，一些是团队的。当然，最好的平衡有赖于组织的类型、你所扮演的角色和你想要的结果。这里不存在完美的答案，组织需要不断地修正激励计划。

很多人希望设计更加复杂的激励计划。一个复杂的体系能够平衡竞争压力，但并非没有问题。复杂的激励体系很难维持且非常耗时，同时个体也会忽视其绩效与报酬之间的关系。

你所在企业的流程、文化和规范中也许会有诸多激励团队的理想方式，但你一定要利用企业中现有的激励工具。

物质奖励

众多观点认为物质奖励没有激励作用，但事实上物质奖励能够起到激励作用。一些团队成员会因为获得物质奖励的机会而提升了其行为和绩效。

然而，纯粹的物质奖励存在很多问题。一个常见的问题就是，金钱变成了一个与绩效无关的期望，并且不被看作是一种报酬。一旦这种情况发生，金钱就不再激励人们，但它的缺失会使人们失去动力。

你能提供的物质奖励是有限的。企业会提供一定的员工激励机制，但限制使用其他的激励方式。例如，一家企业会提供红利但没有股票期权；而另一家则提供股票期权，但却没有红利。

对于管理者而言，即便加薪也未必能起到很好的激励作用。你可能拥有一些自主权，如按你喜欢的方式将全年收入预算增长部分分配给你的团队。如果你的全部预算增长仅为1%，那么要给每一个人分一大笔钱的愿望就不可能实现。此外，加薪通常是每年一次。如果在年初时取得了重大的成就，却要等到年末的时候才能获得报酬，那么这种报酬所带来的积极的行为影响是非常有限的。

每个人都有不同的期望值，且会为不同水平的收入感到满意。对一个人来说，£40,000的年收入已经足够；但可能对另一个人来说，这是一个不可接受的低收入。对那些受金钱激励的人来说，收入越多，且增长越快才能起到激励作用。对一个每年赚£20,000的人来说，额外赚取5%或£1,000可能是一个合理的激励因素；而对一个每年赚£250,000的人来说，£1,000只是九牛一毛，甚至5%也是微不足道的，不足以对他的生活方式产生影响。因此，你可以想象为什么高收入的人还要拿巨额的红利。

非物质奖励

不要局限于物质奖励。许多最好的激励因素不需要你花费一分一毫，它们往往是非物质奖励，而这些都是一个管理者有能力提供的。

一般来说，如果工作有趣的话，人们就容易受到激励。一些组织着力于营造舒适、友好、愉快的工作环境。这样的公司通常是高绩效的，尽管员工的工资可能低于平均水平。不是所有管理者都天生是爱开玩笑的，但是如果你不是，你可以在团队中鼓励幽默的氛围。

如果人们感到自己受到尊重并且感觉他们的工作和个人贡献是有价值的，他们就容易受到激励。定期、积极的反馈与许多物质奖励具有同样的效果。

如果想要给员工奖励，那么你可以考虑给一些与一些特定事件和活动相关的小礼物，并且在事情或活动完成时及时给出，这会与在活动结束几个月后给员工加薪产生同样显著的效果。这里说到的小礼物包括：吃一顿饭、奖杯、代金券、颁奖典礼或其他任何小的、令人喜欢的礼物。

你提供的非物质奖励要有创意，每次都很特别，这样它们就不会成为人们固定的期望。每当发现有你想要鼓励的行为时，就及时给出你的小礼物。

若存在以下情况，需更加努力

- 你正在为你的团队招募新成员。
- 你团队的激励水平很低。

◆ 管理者备忘录

- 挑选能够主动参与到团队工作的成员。
- 你必须运用现有的激励杠杆进行工作。

- 工作中的激励必须与你期望的绩效有着清晰的关联性。
- 平衡个人激励与团队或小组激励。
- 物质奖励可以是激励因素，但它们需要谨慎处理，因为你提供物质奖励的权力是受到限制的。
- 非物质奖励是非常有效的，需要有创意——你可以有许多不同的非物质奖励方式。

Chapter ❷
持续跟踪

◆ 关于什么？为何重要？

团队不可能每次都能圆满完成你分配的工作。指令会被误解，问题会产生，而人们很多时候都需要帮助。一般来说，有些团队成员不会表现得与你期望的一样好。

团队活动需要被监控以确保工作按照要求、保证质量地进行。监控的类型和频率是根据被监控的个体和任务的性质而定的。如果团队成员是有经验的、可靠的，且从事熟悉的工作，那么他们受到的监控就会比较少。但如果是缺乏经验的新团队成员，而他们又有不良记录或正在从事不熟悉的工作，那么他们受到的监控会比较多。这个监控活动的过程被称为“进度跟踪”（progress tracking）。

进度跟踪是一个短期持续的活动，它为“绩效管理”这一长期的过程提供了信息。绩效管理包括对团队成员工作的评估，还包括目标设定，员工发展、晋升和奖励。此外，绩效管理还为处理绩效问题提供了机制。“绩效管理”一词往往是一种比较委婉的说法，它实际上就是处理差绩效、工作困难的员工，甚至解雇他们。

团队绩效是你的责任，因为是你控制谁应该进入团队以及他们应该做什么。你可以通过绩效管理来激励、奖励你的员工，也可以解雇那些不能或不愿意达到你要求的员工。有效的绩效管理是高要求的，且需要警觉性和一致性。如果你长期忽视绩效管理，那么你就是在拿你自己和企业冒风险。

◆ 管理者的目标

- 一支能保持高水平运作的团队。
- 不断提升个体的技能。
- 团队成员的目标与企业目标保持一致。

实现目标过程中的常见问题

- 无效的进度跟踪。
- 高负荷的工作限制了绩效管理的时间。
- 当讨论绩效问题时，想要避免不舒服的对话，并且无法给出有效的反馈。

◆ 管理指南

进度跟踪

进度跟踪是对团队成员工作的常规监控。通过实施进度跟踪，你可以实现以下目标。

- 确保团队工作有序推进。
- 了解团队成员的能力。
- 为管理情况汇报提供信息。
- 进行适当的管理干预以调整工作方向，并在必要时给团队成员提供支持。

如果工作是可见的和可测量的，那么实施监控会比较容易，比如一项工作是生产新产品，我们就可以很明确地测量出总共创造了多少新产品。然而，当很多工作与服务或专业技能相关时，监控就会变得异常困难，例如，跟踪某个设计项目的进度及评价其质量都是非常困难的。

在分配任务时，你就需要计划好接下来如何开展进度跟踪。往往了解进度的唯一方式是与负责该项工作的团队成员进行深入详细的对话，这种详细的对话需要提前计划好。如果绩效跟踪复杂繁重，那么你应该针对跟踪部分重点做好记录。

在进度跟踪的过程中，你要避免让人觉得你控制过度或一直盯在别人的背后。如果你的团队成员感觉你的管理是专横的，那么生产效率就会降低。然而，如果你只是为了做管理情况汇报，那么即使是值得信赖的团队成员你也要让他们知道你需要做进度跟踪。

如果你不根据你收集到的信息采取行动或进行管理干预，那么做进度跟踪是没有意义的。可以采取的行动其实很简单，比如对高绩效的员工进行表扬，鼓励差绩效的员工改进工作。而管理干预则包括在你的指令被误解时重新调整团队成员的工作方向，当工作发生困难时为团队成员提供额外的资源，或帮助他们克服障碍。

虽然保持进度跟踪可以确保员工做他们应该做的事情，但这只是很小的一部分。最有成效的态度是将进度跟踪作为一种机制，通过这种机制可以让你知道如何才能最好地帮助团队成员。

进度跟踪可以将重点放在活动本身并使员工保持工作状态。但是要记住使员工忙碌并不是你的目的，目的是完成最终任务。

绩效管理

绩效管理指的是一种实现预期绩效并为团队成员的自身发展提供帮助的长期过程。绩效管理的基础来自进度跟踪所获得的信息。绩效管理涉及对高绩效进行奖励，也涉及对差绩效进行惩罚。

绩效管理通常是根据人力资源部门制定的流程实施的。如果绩效管理做得好，它能够通过使个体的目标与企业目标保持一致而使企业、团队和个体受益。尽管团队的绩效才是关键所在，但绩效管理关注的是团队中的个体。

从理论上讲，绩效管理会产生四种不同的结果：

- 个体绩效的提升。
- 保持一致的和可接受的绩效。

■ 由于高/差绩效而导致的角色转变。

■ 个体因为差绩效而遭解雇。

提升个体绩效是绩效管理的基本目标。然而，当一些个体到达职业生涯的某一阶段时，他们的绩效会出现停滞。在这种情况下，绩效管理应该关注于保持其当前的绩效水平，防止其绩效下降。

角色转变是绩效管理的常见结果，可能是晋升，也可能是将某人放到更适合施展其技能、实现其抱负的岗位上。绩效管理能够帮助管理者更好地理解员工，也能帮助员工更好地理解其自己的角色。随着双方理解的不断加深，哪些员工适合什么样的角色就不难识别了。通常情况下，这对公司来说是有益的。

最后，有时个体会因为差绩效而被解雇。理想的情况下雇佣双方能够“和平解约”，但是有时企业需要单方解雇员工。这通常会是一个持续时间很长并且并不愉快的过程。如果在早期可以实施充分的管理干预来对员工进行帮助，这种情况通常是可以避免的。遗憾的是，很多管理者将干预的机会一拖再拖，直到他们不得不面对较差的绩效。

在应对绩效问题时不要拖延——这无济于事。如果你对绩效问题坐视不管，不进行任何的干预，那就表明你已经默许了这种绩效是可以接受的。这会使应对绩效问题变得更加困难。

绩效管理的过程是十分耗时的，但是这种耗时是必要的。从长远来看设置一个准确的绩效报告会使你的工作变得更加容易。无论进行的决策涉及的是晋升还是一些相对而言比较困难的决定（如裁员、解雇），一个完整而准确的绩效报告都是必不可少的。

反馈

进度跟踪和绩效评估应该要有反馈。简单地说，反馈就是向你的团队成员提供信息，使他们了解哪些行为是可以接受的、可以继续的，而哪些行为则需要停止。反馈是一种极为简单却强有力的机制，但却也是很多管理者所纠结的。以下提供一些如何使反馈变得有效的简单指导。

有效的反馈是具体的、可操作的。要避免一般性陈述，类似“你的绩效很好”、“你没有达到指标”这样的评价是没有用的。反馈的目的是鼓励或阻止具体的行为，通过准确描述受到置疑的行为，解释其产生的影响以鼓励员工根据实际情况修正或重复行为，从而实现反馈的目的。

反馈应该是及时的。理想的情况是，在你观察到你想要鼓励或阻止的行为之后立即给出反馈，而不是等到绩效评估出来之后再给反馈。绩效评估不是经常性的——有时候是按季度的，对很多人来说是年度的。即时反馈是有效的，那些在事件发生几周或几个月之后给出的反馈几乎是毫无意义的。

反馈应该是常规性的。如果你经常做出反馈，那么这听起来往往不像是批评，而更像是给出建设性意见。此外，通过常规性反馈你可以营造一种文化，让反馈变成正常工作流程中的一部分。最后，反馈应该针对行为，而非个体。你不是要指责个体做错了什么事，而是帮助指出其不合适的行为。

目标设定

为了要评价某人的绩效，你首先应该对期望的绩效有一个明确的界定，而期望绩效是基于目标的。因此，绩效管理的一个核心就是目标设定。

好的目标是共同认可的、清晰的、可实现的，但也是高要求的、可测量的。目标必须满足企业的需求，更理想的是，目标要符合个体团队成员的愿望。为了使目标有效，它们必须能够持续而直接地影响团队成员的行为。

目标设定可以被视作是你作为管理者与每一位团队成员协商的过程。协商的目的不是要达成对企业或对个体最好的交易，而是要将目标进行匹配，即企业从员工那里得到想要的，而员工也能从企业那里得到自己想要的。

你也可以把目标设定看作是获得理解、设置期望的一种方式。通过界定目标，你设置了企业的期望；在讨论中，团队成员能够阐述他们的愿望和抱负。有效的目标设定是管理者与团队成员之间的对话，它不是公司的指令要求“你必须要做到这个”，也不是团队成员的愿望列表“我想要得到这个”。当然，你不可能永远设定团队成员所希望的目标。

目标应该是团队日常工作中的一部分。不要把实现绩效目标看作是区别于日常工作的额外任务，这种想法存在很大风险，它会导致绩效目标经常被置之脑后，直到年度评估的前几周才会被想起。

分散型团队

对于地域分散型团队来说，进度跟踪和绩效评估会存在一些实际问题。

绩效管理需要对话并依赖于关系，而进度跟踪则需要证据。所有这些都需要进行面对面的交流以及在工作时对团队成员进行观察。

如果你的团队属于分散型的，你就需要把更多的精力花在关系构建及与团队成员的沟通上。如果团队是在同一个地域，可以较容易地建立关系或进行对话。但如果团队在不同地域，这些就需要缜密地计划和安排了。

即使对你来说很困难，你也要尽可能在实际工作中创造面对面的交流机会。当一对一、面对面的沟通很难实现时，你就应该采用相对亲近的沟通媒介。要注意的是，关系的维持不能仅仅依赖邮件这种沟通方式。

若存在以下情况，需更加努力

- 对于进度评估你难以驾驭。
- 你不喜欢给出反馈。
- 团队成员拥有不恰当的目标。

◆ 管理者备忘录

- 通过进程跟踪，你可以学会如何帮助团队成员用最好的方式完成分配给他们的任务。
- 关注绩效管理，它十分耗时，但准确的绩效记录对于有效的管理是十分必要的。
- 有效的反馈应该是具体的、可行的、及时的、定期的，并且它针对的是具体行为而非个体本身。
- 最好的目标是共同认可的、清晰的、可实现的，但也是高要求的、可测量的，它必须将企业的需求与团队成员个体的期望相联系。
- 地域分散型团队对进度跟踪和绩效管理提出了挑战，而这是管理者必须努力去战胜的。

Chapter 3
权利和公平：合理和不平衡

◆ 关于什么？为何重要？

人们渴望被公平对待的心理是与生俱来的。不公平的待遇被认为是错误的，而那些做法有欠公平的人也被认为是不道德的。公平的一个重要方面是获得你应有的权利。工作中的权利包括薪酬和福利，但还有很多其他方面的权利。

公平和权利是管理者们需要关注的重要方面。保证公平是出于道德和合法性的需要，每个人都有权获得他们应得的权利。这些看起来是如此的合理以至于很难想象会有什么问题。

对管理者的挑战在于公平是一个主观的概念，团队成员、管理者以及组织的观点之间会存在不平衡。一个人认为的绝对公平可能在另一个人看来是完全不合理的。

我们可能会认为权利会使情况变得更明了。很多权利是雇员与雇主之间的合同义务，在这种情况下，我们应该清楚哪些是正当的权利而哪些不是。即便如此，主观判断也是在所难免的。对未来福利的期望很容易被当成是应该获得的权利或报酬，此时，如果这些期望在团队成员和管理者之间发生了不一致，那么很有可能会引发冲突。

实际上，无法管理期望或满足权利或感知不公平会导致职场很多纠纷。

◆ 管理者的目标

- 被认为能够公平对待团队成员，同时能回应他们不同的需求以及利用他们不同的能力。
- 确保团队成员获得他们应有的权利，同时避免形成快速增长的期望和权利的缓慢扩张。

实现目标过程中的常见问题

- 公平是一种对事态的主观感知。管理者可能认为他在公平地对待每一个人，但同时，团队成员却可能认为自己正在遭受不公平的待遇。
- 管理者的行为会在不经意间导致员工对权利的信念以及对不公平待遇的感知。

◆ 管理指南

公平和权利是动态的目标，因此管理者们应该考虑以下几个问题：首先，人们会通过感知你如何公平地对待他人以及你如何确保员工获得他们应有的权利来对你进行评判。其次，你认为的公平和员工应得的权利通常与团队成员感知到的不一样。最后，你做事的方式、你所做的决策以及你设定的期望会影响团队成员对什么是公平以及他们应该获得什么权利的评判。

对不公平的感知

让我们来看一下哪些行为会引发不公平感。想象一下你帮助了某位成员，且你认为你仅仅是做了一件好事；可能某一天你让某个人早点回家；可能你出于考虑到某位员工的个人情况，给予了他一定的工作灵活性；或者你让某位员工在办公室工作，同时让其他人坐在开放的空间工作。这样的例子举不胜举。

你不知道别人是怎么看待这些的，毕竟没有人会仅仅因为你帮助了他人而变糟。的确如此。但是，人们会感觉到对自己不利，因为给人提供一些微不足道的帮助、恩惠、福利都会被视作偏袒或不公。当管理者们被指控不公平时，他们往往感到诧异，甚至震惊，当时闪过他们脑海的想法可能是“理性一点”或者“不要那么幼稚”。

这是可以理解的想法，但再想想孩子的例子。如果你的几个孩子都没有糖，那他们都很开心。但如果你把糖给了其中一个孩子，而其他的孩子没有糖，他们会感到沮丧。被不公平对待带来的伤害会根深蒂固，且无法通过理性思维而消除。这与工作中的情形是一样的。对公平的需求不会因为年龄的增长而消失。

更糟糕的是，不公平的感知可能会演变成一种歧视。你对某一位团队成员的帮助可能会被看作是一种恩惠，而从恩惠到被指控为歧视也就一步之遥。歧视的指控会让你陷入有口难辩的窘境，会打击你的自信心，会伤害到你，甚至可能会毁了你的职业生涯。

难道我们都是不同的吗？

你面临的一个挑战是：以统一标准对待每个人并不是高效的做法。甚至可以认为，用同样的标准对待每一个人是不合适的。

每个人都是不同的，他们的需求是不同的，他们衡量价值的标准也是不同的。有的团队成员看重的是有弹性的工作时间，而有的则希望通过加班来赚更多的钱；有的想要私人医疗保健，而有的则偏好更多的实际得到的工资；有的员工想要轻松的生活，而有的则千方百计努力发展职业前景；有的人讨厌圣诞派对，而有的更想得到圣诞礼券。

人们拥有各种各样的技能和能力，因此，用不同的方式来对待他们是合适的，甚至是必要的。你希望提升有抱负的人，并且给他们在具有挑战的环境中学习的机会。团队中的其他成员需要按部就班地进行工作，因为他们适合这么做。还有一些人则需要被实时监控并给予帮助，即使他们在做最基本的任务时也是如此。

创造期望和权利

对权利的信念来自于习惯。如果你接连10年，每年都给员工发放一笔非合约内的奖金，那么不管合约中是否包括这一项，你要是在第11年没有这么做的话就会引发麻烦。而到时候你跟员工解释说“这笔奖金不是合约内应该支付的”是无济于事的。

对权利的感知来自于微小的刺激。如果每个月给团队中表现最佳的成员一点小小奖励，那么这很快就会变成一种既定的权利。另一个典型的例子是圣诞派对。如果圣诞派对被取消，你难以想象人们会有多沮丧，这是因为大部分人都把圣诞派对看作是一种权利。这种小权利可能无关紧要，但是许多小权利的累积效应是昂贵的，而且更糟糕的是，这种累积效应会导致缺乏灵活性及抵制变革。

那么，你是如何进入这种状态的呢？圣诞派对每年一次，而且所有人都在期待这个活动的到来，久而久之，这种期待就变成了一种感知的权利。一旦这种情况发生，而你要取消这样的活动，那么人们就会认为你在剥夺他们的权利。

权利也可以来自你没让员工做的事情。如果你一直都不强制员工做某件事，久而久之，不做这件事情就变成了一种权利。比如，你没有强行实施某项活动，渐渐地，这项活动就被认为是不必要的——也就是说，它成为了一件额外的事情，如果要人们去做，你就先得进行协商或支付费用。在这种情况下，要是强制执行，员工的积极性就会减弱，最坏的状况会引发劳资纠纷。虽然这种情况很少，但也时有发生。

避免问题

没有良方可以解决由不公平感或权利带来的所有问题。你要做的最重要的事情就是意识到风险并且尝试预测未来问题发生的可能性。然而，不要采取过度的风险规避行为，你的团队成员不会期望你是完美的，他们也会容忍一些不公平和感知权利的改变。有时候，难免会有一些争论，但只需要动用一点点常识，你就可以避免很多问题。

你必须公平地对待团队成员，但这并不意味着你要用统一的标准对待每一个人。以下的几点建议，可以为避免不公平的感知提供参考：

- 当以不同方式对待某个个体或群体时，要确保其他团队成员知道他们为什么会被区别对待。如果同样的情况发生在其他团队成员身上，也要以相同的方式对待他们。
- 如果可以的话，为每一个人提供相同范围的福利，并让他们自己做出选择。这样就会减少他们的不公平感。
- 有时候，你需要对团队成员提出高要求，并给他们施加压力。如果你能公平地给每一位成员都施加压力，那么你很可能会成功。但是，如果你一直给团队中的某一个或某一些成员施加压力，那么这会被视为一种恃强凌弱的行为。

- 区分幼稚的抱怨与不公平相关的正当投诉。你应忽视前者，关注后者。如果你已经以明显的方式表现出不公平，那么尽力去纠正这种行为。
- 时刻警惕并最小化你偶然不公平行为的次数。没有一个人是完美的，而大多数的团队都会宽容对待一些不公平的行为，但如果你每一次都表现出不公平，那么你就是在挑战人类的基本需求。

如果你乐于赋予人们权利——那就去做吧。关键是不要随意为之。关于权利，你需要注意的是：

- 在一开始就要避免不被期望的权利。一旦建立了信念，就很难再收回了。
- 当你给予人们特权的时候，要让他们明白这是一次性的，是特例。不时提醒人们这以后会被取消。虽然这并不一定能阻止习惯的形成，但如果有纠纷产生，这会起到作用。
- 最小化习惯。为你的员工发些福利，但不要始终以同样的理由给予同样的恩惠。在你的福利形式上做一些创新，这会减少期望并且降低形成对权利信念的风险。
- 偶尔，但是定期地强制员工去做一些容易被遗忘的枯燥的工作。如果你从来不做，最终不费一点周折是无法完成这些工作的。

若存在以下情况，需更加努力

- 在你的团队中存在对不公平待遇的感知。
- 你一直在与期望和不断增长的权利信念作斗争。

◆ 管理者备忘录

- 意识到不公平行为和赋予权利的风险。
- 权利应基于共同的和明确的原则，以及个体的需求和能力。
- 避免习惯性的额外福利，除非你想要赋予员工某种权利。你可以提供额外福利，但要定期做一些改变。
- 不时地强制执行一部分工作。如果你不这么做，最终你会无法这么做。

Chapter 4
褒贬不一的会议

◆ 关于什么？为何重要？

如果问到人们在工作中最不喜欢的是什么，大部分人的回答都会是“会议”。会议占据了我们的日常工作，导致我们没有时间去“真正地工作”。会议无聊乏味，也很耗费精力，它还会占用很多资源。因此，会议常常被视作是毫无意义且痛苦的惯例，企业似乎没有必要非依赖它不可。

其实事实并非完全如此。很多会议的确低效，也确实耗费了大量的时间，由此我们简单地下结论“会议就是问题所在”。然而，这个结论是错误的，真正的问题在于：

- 很多人倾向于把会议看作是解决所有问题的方式，而没有对哪些会议是有价值的做出正确的评估，因而导致越来越多没有意义的会议。
- 不善于管理会议。这会导致会议的无趣、耗费精力、无意义、痛苦和无效率。

会议是企业经营不可或缺的一部分。企业经营并不仅仅是个人单打独斗，而是每一位员工通过协作方式的共同工作。这就要求员工之间要有互动，而企业中员工互动的一个重要形式就是会议，很大部分的工作时间都会花费在会议上。

在确保以正确的方式召开正确的会议这个过程中，管理者扮演着举足轻重的角色。如果你这么做了，你就能使团队更有效、更高效。除此之外，如果你能够避免无意义的、混乱的会议，那么你在团队中也会更受欢迎。

◆ 管理者的目标

- 召开高效的、令人愉悦的会议——以正确的方式召开正确的会议。

实现目标过程中的常见问题

- 会议是企业文化和惯例的一部分，正因为如此，它们往往不受到任何质疑。
- 会议成为了日程表中的固定部分，且被过多地运用。
- 会议的组织常常很糟糕，很少有人知道如何有效地组织会议。

◆ 管理指南

召开会议的理由有好有坏，而组织会议的方式也有好坏之分。糟糕的会议和组织不力的会议也是企业中人们抱怨较多的方面。反之，正确的会议和组织良好的会议都是人们所欢迎的。

会议的形式正逐渐多样化，我们依然保持着面对面的会议，但同时也采用了电话会议、视频会议、手机会议和在线会议。新技术会不断带给我们更多的选择，而分散型团队的增加，尤其是团队成员在不同的时区工作，这给组织带来了更多的压力。但是，有效会议的基本原则依然保持不变。

你应该何时召开会议？

会议是管理中不可或缺的一部分。如果你不召集团队成员，或者不经常召集的话，你作为管理者的职能就会遭到置疑。如果大多数管理者减少他们与会的次数，他们可能会更高效地利用他们的时间。但即便如此，这样或那样的会议还是会占据管理者大部分工作时间的。

当你有合适的理由时，你可以召开会议；但如果你没有清晰的召开会议的理由，那么就不要去做这件事。这不是说当目标不明确时就不能召开会议，而是此时会议的目的应该是讨论和阐明目标。

现实中，很多时候召开会议的不恰当理由可以包括：

■ 分享那些可以通过邮件或网站进行有效传递的信息。

■ 宣传那些可以通过电话快速传达的信息，其实当你在走向办公室的路上或站在咖啡机旁都能通过电话传达这些信息。

■ 讨论那些需要作深入分析和长时间反思的信息和议题。会议是用来介绍主题或回顾结论的，而不是浪费时间来反思的。

■ 惯例：因为你一直在这个时间召开会议，或者你被邀参加会议已成为常规日程安排。

■ 你不确定你要做什么事，而开会能够让你觉得你正在做某事，从而心理上得到慰藉。

■ 你只是喜欢开会而已。

有一点不同的是，有理由召开会议不等于你有理由去参加这个会议。你应该只参加那些对你有用或你能够做出贡献的会议，而你也应该让你的团队成员只去参加那些对他们有用或他们能够做出贡献的会议。遗憾的是，你不可能逃过所有无意义的会议，有些会议你还必须参加，比如你的上司会坚持让你参加某些会议，这是你身处企业不得不接受的一件事情，但你可以尽可能地减少参加此类会议。

然而，召开会议也有很多恰当的理由，当遇到下列情况时可以召开会议：

■ 有一个议题需要经过很多人的讨论，且互动是必不可少的。

■ 你想构建人际关系。

■ 当你需要看到或听到人们的反应。

■ 当对于某个信息所做出的回应需要马上处理。

■ 当你需要面对面的交流以示尊重。

如何召开会议

虽然人们越来越惧怕会议，但很多会议还是高效的、有趣的。要召开一次有效的会议需要做到以下几点：

- ■ 能在会议之外完成的工作就在会议外完成，例如：需要提前阅读的材料已经下发并进行了阅读；准备工作已经完成。
- ■ 就会议目标达成共识，即会议的目的是什么？如何通过会议来达到这个目的？
- ■ 确定会议主持者，以促进会议顺利进行。
- ■ 会议是有流程的。这个流程可以简单到如只有一个议程，我们只要照着安排做就行；也可以复杂到如主持一个研讨会的专业促进团队。该流程需要被结构化，但这不应该是会议流程本身的目的，过于烦琐的流程会扼杀创造力和活力。
- ■ 会议时间分配应适当，不要太长，也不要太短。如果会议需要很长的时间，那么可以分段式进行，每段时间不超过一小时。
- ■ 合适的与会人员。虽然很多时候会有妥协，但必须确保具有丰富知识和足够权力来达到期望的会议结果的人参加会议。如果你无法聚集这些人，那么就不要召开会议。
- ■ 理想情况下，与会者之间应该互相尊重。他们不是非得达成共识，但即使在激烈的争辩中，他们也应该相互倾听。

明确你自己的角色。你是会议主席还是一名专家？很多管理者往往会默认为他们就是团队会议的主持者。但事实并非如此，你可能不主持会议，因为这种方式未必是最佳的。例如，在有效主持会议的同时还参与发言，两者是很难兼顾的——尤其有时候，可能你的主要兴趣还是想参与到大家的讨论中。还有，一些管理者可能不擅长主持会议。如果你的会议需要一名主持人，而你又不适合做主持的话，就从你团队中另选一名成员来主持会议，这是一个很好的员工开发机会。

你很难始终对会议所处的环境进行掌控，如果你可以的话，自然是很好。选择一个这样的环境：

- ■ 你能够集中注意力的。
- ■ 你不太会跑题的。
- ■ 你不会被打断或分心的。

我个人比较喜欢“站立式”会议，它会进行得很快且很有效。在这种会议中，你不可能会睡着，也不会有人说话太长。

有一点显而易见却常被遗忘：会议是要结束的，会议的流程最终是要形成一个清晰的结论。如果无法达到会议目标，如无法达成共识，那么在会议结束前应该通过另一种备选方案。

最后，会议的有效性并不仅仅在于会议过程中发生了什么，而在于会议的结果，其中包括做出各种承诺、分配任务以及达成相关协议。会议中取得的这些结果都需要一种文化来驱使落实，否则开会就是浪费时间，同时这也是对与会者的不尊重。

帮助团队参与会议

如果你希望团队更加高效，那么一个最简单的事情就是去质疑他们所参加的会议，并且尝试着改善会议的有效性。

当你开会时，观察团队成员在会议中的表现，褒奖好的会议表现——不要认为好的会议表现理所当然。当他们的行为并不是那么有效时，辅导团队成员以更好的方式来参与会议。如果别无选择，就把他们送去参加会议技巧培训课程吧。

在此，尤其要强调倾听技巧的价值。有时候高层管理者会更多地表达自己的观点，但也有一些成功的权威性人士会在会议中花更多的时间倾听他人的观点。你的团队成员应该在这方面多加学习。

可能有人会认为，把有限的学习和发展机会或培训预算花在会议技巧培训上是一种浪费。但其实不然。

若存在以下情况，需更加努力

- 你发现自己经常参加一些无意义或无效率的会议。
- 团队成员在会议上花费了过多的时间。
- 你所召开的会议并没有产生任何结果。

◆ 管理者备忘录

- 只有当有恰当的理由时，才召开会议。
- 如果需要开会，确保以合适的方式组织和计划会议。
- 把会议技能作为团队成员的核心技能去开发。

第六篇　管理者的工作

到目前为止，我们已经探讨了如何塑造你的角色，如何与团队一起工作以及如何确保团队的高效。其关注的重点在于外部众多利益相关者和更具体一点的团队工作，以及在帮助团队运转中你的工作。本节及接下来的小节，我们将重点关注你以及你所负责的活动。

本篇的四个话题包括：决策制定，优先排序，克服团队工作中的障碍和困难以及应对变革。所有这些活动，团队都需要依赖你来展开，你可以选择让你的团队成员参与其中，也可以委派他们中的一些人负责。然而，无论怎样，作为一名管理者，你都对这些活动负有责任。如果让团队成员列出他们对管理者的期望，包括决策制定和优先排序在内的这些活动通常会高频率地出现在他们的列表上。

本小节关注的话题都是管理者日常最基本的工作，甚至应对变革也是管理者的常规活动。本书后面几篇会关注如何帮助你胜任管理工作，以及介绍一些基于经验的管理技巧。本篇的话题可以被视作所有具有核心竞争力的管理者的基础。

Chapter 1
关键时刻的决策制定

◆ 关于什么？为何重要？

决策制定是管理者最关键的技能之一，所有管理者都需要制定决策。作为管理者，你的绩效直接与你的决策能力和水平相关。对于大多数管理者而言，他们一天中的大部分时间都是在识别问题、评估选择和做出决策。可以说，管理者在做出正确决策方面的付出不低于对其他任何事情的付出。

然而，制定决策是管理工作中令许多人感到困难和压力的一个方面——“如果我做出了错误的决策该怎么办？”不要担心，在大多数情况下，它并不那么困难或有风险。

◆ 管理者的目标

■ 做出有效的决策，即在决策制定过程中，适当、迅速，无须投入过多的资源。

■ 鼓励团队中适当水平的授权决策。

实现目标过程中的常见问题

■ 人们不知道如何制定决策，因为害怕出错而不喜欢制定决策。

■ 管理者没有足够的信息和时间来做出最优的决策。

■ 管理者会因决策制定而负担过重。

◆ 管理指南

管理者需要制定的决策是多种多样的：有关实现团队目标的决策，有关团队成员完成其各自工作的决策，有关你自己和你职业生涯发展的决策。例如：选择团队成员，优先排序，确定绩效评估与反馈，甚至选择办公室布局或家具等。决策可能是琐碎的或是意义深远的，可能是复杂的或是简单的，也可能是有风险的或是无害的。决策制定是一个连续的过程并且不可避免。

决策制定存在一些理论上的指导方法，书上有关决策制定是这样解释的：列出选项，确定制定决策的标准，然后根据我们列出的标准选出最佳选项。这看似没有任何逻辑问题，一切都正确，但是真实世界在某种程度上会有不同：

■ 从来不会有足够的信息，对于可选方案有多少、结果会如何，情景会怎样你不甚了解。

■ 可能没有足够的时间去评估可用的信息。

■ 获取更多信息需要花费过多的时间及耗费更多资源，而这些资源原本可用于更多产的事物上。

■ 当你分析信息的时候，世界也在不断变化。除非你的速度够快，否则可能做出一个过时的决策。

好的决策制定始于构建决策框架，这里的“构建框架”是指明确决策什么。在开始阶段，不需要考虑决策选项、情境或相关的问题，只需弄清楚你要做的决策是什么。构建决策框架的一个好方法是将其看作是一个单个问题。如果这个问题中出现了多个“以及”这个词，那么它就不是单个决策，而是多个。如果你难以构建决策的框架，那么更有益的做法是花更多的时间去考虑如何构建它，而不是去分析其他的一些信息。例如，我应该先做任务A还是任务

B？我们应该选择哪家供应商新签合同？我是否应该招聘额外的团队成员？

一旦你可以构建决策框架了，你需要考虑以下两件事。

第一，这个决策需要现在就制定吗？这个决策是否可以延迟一段时间，而不影响其他事情？因为你现在有更重要的事情要做，并且在未来你会有更多的信息和时间去考虑决策的问题。

第二，不要假设所有的决策都得由你制定。事实上，你并不需要，也不能够或不应该去做所有的决策。不要想成为一名“英雄式管理者”，把所有的决策任务全都包揽下来。记住你还有一个团队，他们都有专长，有时会比你做得更好。让他们去做一部分决策工作，这样不仅可以减轻你的负担，还可以帮助他们学习和成长。简言之，你需要迅速决定哪些事情需要你去决策。

当然，有些决策是适合团队成员去做的，而有些则不适合。但是，团队成员应该自主制定很多决策。有时他们可能会遇到困难，这时如果他们需要的话，你可以给予一点帮助，但不要总是告诉他们该怎么做。否则，团队成员将越来越少做决策，你则将会做越来越多的决策。

然而，有时你需要迅速做出决策。

不用担心，决策制定并不那么可怕，它也不是什么新事物，因为你生活中的每一天都需要做决策。可能不是作为一名管理者，但是你仍然积累了很多经验。

你要做的大多数决策都是相对较小的，不要对这些小决策产生压力。对于日常生活中的大多数小决策，最重要的是学会制定决策的方法，并且通过这些小决策，你提升了自己的决策能力和水平，这通常要比你选择了哪个选项来得更为重要。在许多情况下，你可能不会做出错误的选择，但是也不会做出最佳的选择。实际上，通常没人会知道做出的选择是否是最好的。

人们都有推迟决策制定的倾向。这可能是对错误决策带来的风险的担忧所致。对于那些风险规避型人们来说，有一个事实他们需要明白：不做决策或延迟决策与做出错误的决策同样是有成本的。在企业中，不做决策的成本通常要比做出错误决策的成本还要高。

你必须努力在决策制定的速度和准确性两者之间找到平衡。你也不应该对制定决策感到有压力，因为你的决策可能会使团队成员的工作变得简单。另一方面，上司和团队期望你能快速有效做决策也是在情理之中。

你需要把决策分为具有重大影响的和普通的两类。其关键问题在于：明白错误决策的风险和成本是什么。关注那些高风险和高成本的决策，担心那些高风险和高成本决策，以及那些涉及你不熟悉或专业技能所不及的领域的决策。

对于其他决策，你不用烦恼，你只管做你的决策，关键看结果。如果结果不尽如人意——就修正你的决策。不要害怕改变主意或担心丢脸。只有那些有原因丢脸的人才会害怕丢脸。你不用害怕，只要你的决策在不断改进，你就不会再次犯同样的错。

如果你是一个有经验的管理者，你可以凭借自己的直觉做一些日常的决策。你会发现多数情况下你的决策是正确的。制定有效管理决策的秘诀不是学习更好的算法或决策演算，而是提升你的直觉。

随着时间的推移，你会发现，所有你所做的小决策的累计效用与你偶尔所做的大决策的效用同等重要。因此，你应该关心团队整体的进步和方向，而不是过多担心应该买一包还是两包打印纸。在多数情况下，如果你注意观察团队中事情发生的趋势，你就会有时间去弥补那些你做错过的决策。

当然，这不是说你无须制定正确的重大决策。你会遇到（但不是每天）让你担心甚至让你偶尔感到压力的决策。在制定这样的决策时：

- 最先制定该决策。越早开始，你就有越多的时间去考虑它。不要忽略它——它一般不会自行消失。
- 寻求帮助——这时你应该向你的团队、同事和上司征求建议。他们中的有些人可能比你更了解相关情况，能够给予你帮助。
- 收集更多的信息。明确该决策的内容及其重要性。有时，较多信息反而会让你不知所措。
- 如果可以，尽量分摊决策风险。征得他人同意或批准你的决策。不过对此应谨慎，不要经常这么做，因为这会让你显得决策能力低下。但是你可以时不时地让你的上司参与决策，并且向他坦白你并不知道答案。让他或她为你的决策作担保。

有时，可能不存在正确的选择，只有最不错的选择。当这种情况发生时，你需要与你的利益相关者进行沟通，向他们说明情况，并且告知该决策不会产生完美的结果以满足他们的期望。若他们不同意，试着让他们参与决策制定的过程，那么他们就能够接受该决策了。

最后，不要在假设上出错。在制定决策之前进行假设是十分合理的，有时是十分关键的。但是，你需要明确你的假设，以及错误的假设所带来的风险。不要简单地将它们记录下来，然后就抛之脑后。如果所作的假设不合理或有误的话，那么你的决策就会有问题。

若存在以下情况，需更加努力

- 决策制定缓慢，并且由于等待你的决策，团队工作持续受到耽搁。
- 你制定决策的能力制约了团队的进步。
- 你的决策总是滞后，缺乏现实意义和前瞻性。
- 你的决策能力没有长进。
- 制定决策让你颇感压力，并且对于日常的决策提心吊胆。

◆ 管理者备忘录

- 将构建决策框架视作一个简洁明了的问题。
- 确定你现在就需要制定决策，并且由你来完成。
- 对于日常的小决策，凭借直觉快速制定。随着时间的推移，注意观察决策的结果趋势，做出必要的调整以完善你的决策。
- 识别并竭尽全力于高风险、高成本的决策，尤其对于那些涉及你能力所不及领域的决策。

Chapter ❷
你真的做到优先排序了吗？

◆ 关于什么？为何重要？

对于有效的管理来说，优先排序至关重要，你和团队的每一个成员都应该知道你们要优先做什么。之所以要进行优先排序，是因为没有足够的资源去做所有可能的工作。一个团队缺乏协调的优先排序，将会是无效率的，甚至常常是极其无效率的。

有时，你可能会觉得你有着足够的资源去做所有工作。尽管如此，决定工作的优先顺序仍然是必要的。一些工作会比其他工作带来更重要的收益。因此，理所当然应该先做。同时，这种状态绝不会持续很久，如果你发现自己有喘息的空间，那么可以开始考虑未来工作的优先排序。

即使是资源富足的组织，也不足以处理所有的任务。但是，在这样的组织环境下，进行优先排序往往十分困难。决定向谁分配资源或不该做什么的过程是非常费力的，人们往往视它为一项令人痛苦的工作而避而远之。这就导致了资源的浪费，但有些管理者却宁愿浪费资源，也不愿意去从事如做出选择这样相对困难的任务。

对工作进行优先排序是决策制定的一种形式，优先级决策必须考虑满足企业的需要：例如，平衡每一天所做的工作，使重要的利益相关者满意，解决短期问题或者达成长期愿景。在优先排序的过程中，你必须力图通过分配有限的团队资源以满足最重要的需求。同时，优先级也有助于整合团队资源。

◆ 管理者的目标

■ 向团队成员阐明什么工作是重要的，什么不是，以及应该按照什么样的顺序去完成工作。

■ 确保团队成员首先完成最重要的任务。

■ 团队成员拥有决定自己工作优先顺序的权利，而不是反复转向你寻求具体的指导。

实现目标过程中的常见问题

■ 日常工作中根本不进行优先排序。

■ 优先排序被认为过于困难，尤其在复杂多变的环境中，如果你花更多的时间去收集信息、进行优先排序，而不是真正地在工作，那么就会承担一定的风险。

■ 即便进行了优先排序，这样的排序通常也是十分低效的。

◆ 管理指南

遗憾的是，优先排序并不是一件令人愉快的工作。因为，它不仅需要你投入精力，而且需要你充分了解备选方案和资源限制等情况。尽管优先排序需要你进行分析，但更重要的是它是决策制定的一个方面。在许多人看来进行选择是十分困难的。即使选项显而易见，也可能意味着会招致一些利益相关者不满的令人不快的决策。

你究竟应该扮演怎样的角色取决于你的资历、所处团队的类型、企业文化以及决策制定的集中程度。在开始进行优先排序前，你首先需要明确你获得的授权有多大。你是自己在进行优先排序呢，还是只是为了满足上司的要求而进行优先排序？我们大多数人所拥有的决策权都是有限的。如果对于团队而言，你只是一个优先级决策的沟通渠道，那么你需要先了解上司的想法，然后再开始。

然而，假设你必须进行优先排序。通常，这意味着你需要将宽泛的企业方向或战略转变成团队的具体指示。优先级的逻辑应该简洁明了：首先，列出所有可能要做的工作，并确定每项工作的重要性；然后，按照重要性由高到低的顺序完成工作。优先排序的成功不在于你最先开始最重要的工作，而在于最先完成最重要的工作。

将优先排序付诸实践是有困难的，因为事实上我们常常并不知道什么是最重要的，或者什么叫重要。你必须首先了解你进行优先排序的标准是什么，然后才能开始。在很多情况下，理解什么是重要的要比真正进行优先排序更重要，因为只有你理解了什么是重要的和什么是不重要的，你的决策制定才会容易且迅速，反之，整个过程都将困难重重。

判断工作重要性的典型标准包括财务衡量标准、与战略目标的一致性或能否实现上司和其他利益相关者的一些特定目标。在判断活动的重要性时，要避免使用太少或太多的标准。因为太多会使你分析时陷入困境，而太少则通常又会导致所做决策过于简单。一个找到合适标准的好方法是利用KPIs（关键绩效指标），但是应该注意到大多数企业期望你做得更多，而不是仅仅实现关键绩效指标。一旦你积累了经验，你的直觉将会是最好的指导性标准。

在为团队设定优先级时，你需要确定你会做出多少规定。一种做法是：设定方向，你为团队成员提供足够的信息，由他们自己决定其工作优先顺序。对于小型和成熟的团队来说，这样做就足够了。另一种做法是：你可能需要规定所有活动的优先顺序。在一些压力较大的情境下，以及团队经验不足的情况中，可能需要这样做。

理想情况下，团队成员基于你宽泛的指导，提高了他们根据重要性做出选择的能力。但是，当需要时，你还是应该做出规定！不要草率地把事情分为高、中和低三类，而必须绝对明确什么是最优先的、什么是最重要的，以及什么又应该被叫停。常常对于一个高效团队而言，最快捷的决策方式就是只界定什么是必须叫停的。

定期回顾你制定的优先级，不要总是改变它，否则将一事无成。但是至少应该一个月回顾一次，并且根据需要进行修订。多久进行一次优先排序，需要根据情境而定。有时，团队需要每天都进行优先排序。但是，对于一支有经验的团队来说，每月一次确定团队方向，加上对团队成员的常规监督和反馈就足够了。

你需要检验你自己的优先级的有效性。一个方法是检查团队成员对于优先排序的了解程度，以及他们的行动与优先排序的一致性程度；另一个方法是检查所做出的选择和被叫停的活动。优先排序的结果是形成决策。如果你花费时间进行了优先排序，最后认为每件事都是重要的，那么你实际上是没有做出任何决策。

任务是否绝对重要并不是问题的关键，而促进团队工作顺利完成的相对重要的不同要素才是重中之重。时常会有一些重要的工作你无法去完成，因为你有更重要的事情要做。

你需要保持优先排序过程的简单明了。一些管理者认识到优先排序的关键性，但却把优先排序变成了一项不必要的复杂科学和耗时的工作。实际一点，切记完成任务比优先排序本身更重要。优先排序应该迅速、直接。一开始会很困难，但是经常性的操练会使这项工作变得轻松、有效。不用惧怕制定优先级决策，如果你出错了，你可以很容易进行修改。

不良优先排序的6个特征

■ 没有进行任何的优先排序。

管理者经常纠结于优先排序。在一些组织中，没有人愿意对任务进行优先排序。他们认为“我们不需要去确定任务的优先等级”、“这样做太复杂了”或者“任务的优先等级总是在变”。的确，优先排序的形式各不相同，但是所有组织都需要进行这项工作。

■ 无人知晓优先排序是什么。

企业应该就优先排序这项工作在组织内进行沟通，这是非常重要的。优先排序也是团队内应该沟通的重要信息。除非每个人都被告知最终所产生的决策是什么，否则在优先排序上的努力就失去了任何意义。也就是说，只有当团队成员搞清楚优先排序是什么，他们才会按照规定执行任务。作为优先级内容沟通的一部分，你应该强调什么是高优先、什么是低优先以及什么工作应该被叫停。

■ 你不知道在进行的是什么工作。

这是缺乏优先排序的一个间接表现。要进行优先排序，你必须了解潜在的工作和实际的工作。因此，如果你没有这种概念，即便是有高水平的视角，也不可能做出任何优先级决策。

■ 每件事都是高优先级的。

管理者如果将每件事都定义为高优先级，这虽然是实施了优先排序过程，但它却是无效的。一个经典的例子是：当一个项目组合被优先排序时，按照1到3三个级别进行排序，结果95%的项目都是1级优先。

这并不是优先排序，这是考虑不周和决策失败。如果优先排序的结果是所有活动都是高优先级，那么它就不是一个有用的优先排序过程。真正有效的优先排序会形成清晰的决策，即选择一些高优先级的活动去开展，而叫停一些活动。

■ 个人优先排序原则。

缺乏管理者的优先排序，并不会导致团队整体优先排序的缺失。最终，团队成员一天中只有那么几个小时，若没有明确的优先级规定，他们也会自己进行优先排序，因为他们别无选择，只能这么做。

授权团队成员进行优先排序没有本质上的问题，但是这可能会导致两个问题。第一，除非团队成员对决策方向有一个很好的理解，并拥有一个共同愿景，否则不同团队成员的优先排序会出现不一致。第二，由于第一个问题的产生，工作进程会被耽搁，资源配置也会低效。之所以会出现这种情况，是因为不同个体之间缺乏默契。

■ 没有严格遵守优先排序。

不良优先排序的最后特征是没人遵守所制定的优先级。个体会对他们不喜欢或不认同的优先级进行抵制。团队成员，如项目经理这样的专家们常常会这么做。如果他们正在从事一个很低优先级的项目，他们可能只关注完成项目，而无视项目的优先级别。你需要强调的是，他们应该在考虑优先排序的前提下完成项目，不能忽视优先顺序。

若存在以下情况，需更加努力

■ 由于资源缺乏，你总是很难完成工作。

- 相比于做有效的工作，你在争论资源配置方面花费了过多的时间。
- 你的利益相关者和顾客不认同你的资源配置方式。
- 你感觉你总试图亲力亲为。
- 经常将优先权给了那些最爱抱怨的人，从而违背了商业的理性原则。

◆ 管理者备忘录

- 优先排序开始于理解什么是重要的。
- 不要陷入过度的分析，优先排序只是一种工具，而不是结果。
- 迅速做出优先级决策，如果它们出错，就加以修改。
- 监督和检查团队成员对优先排序的遵守情况。
- 定期更新优先级，但也不要过于频繁，以至于什么工作都做不了。
- 警惕不良优先排序的6个特征。

Chapter 3 问题、障碍和冲突

◆ 关于什么？为何重要？

新上任管理者很快就会认识到企业世界并不完美，它是无法完全进行规划的。在那里工作会被耽搁，团队进步会受到阻碍，团队成员间也会出现分歧和争论。一些困难是可以预期的，你是有能力去解决的。但是很多困难是不可预期的，并且至少部分是在你控制能力之外的。最重要的是，管理是关于人的工作，而人既不完全理性也不完全可靠。由此，冲突便会产生。

诸如此类问题打乱了日常生活的节奏。实际上，对于很多管理者来说，日常工作就是处理由这些问题所引发的各种工作中断。唯一可以平静下来，适合做“真正工作”的时间是早晨或者晚上，因为那段时间其他人都已经回家。

管理词汇中经常出现的一个短语是“救火”，即对突发事件做出迅速反应。一些管理者喜欢这种救火带来的动力，但是也有很多人讨厌这么做。一些管理者喜欢中断手头的工作去处理紧急事件，而其他管理者则讨厌这种做法。

由于管理者必须做所有其他的工作，这类问题往往不受欢迎。然而，正确的态度应该是积极应对。解决问题、跨越障碍及平息冲突是管理者的真正工

作。如果企业中一切正常、不出问题，那我们就不需要全职管理者了。

◆ 管理者的目标

- 能够准确识别和调查出你或团队正面临的问题。
- 迅速且有效解决已识别的问题。
- 集中精力解决那些应该由你来解决的问题。

实现目标过程中的常见问题

- 对问题的片面理解导致只关注表象而忽视了潜在的深层问题。
- 企业的复杂性导致不能够把问题分解成模块进行解决。
- 你忙得不可开交，无暇顾及突发事件。
- 问题太多以至于你不知道从哪里着手解决。

◆ 管理指南

处理问题的简要步骤如下：

- 阐明问题；
- 确认你要解决的问题；
- 对问题进行优先排序；
- 识别解决方案；
- 解决问题并监督过程。

下面让我们依次简要地介绍这些步骤，之后我们会给出一些解决问题的建议。

阐明问题

为了解决问题，你需要知道问题是什么。不然你可能会浪费很多精力在问题表象以及相关的问题上，而没有解决真正的问题。阐明问题对于有效且高效解决问题至关重要，尤其当团队成员间产生冲突时。简单阐明冲突的来源，能够解决许多类似的问题。

确保你能识别并且表达出真正的问题是什么。当你确实理解了问题所在，大多数的问题就可以用几句话解释了。如果你还在挣扎纠结，那么根源分析技术如5W分析、石川分析法和鱼骨图都会十分有用。

你不仅要理解问题，还要理解问题的边界。企业是复杂的，每个方面是紧密相关的，程序、系统和团队相互关联，因此会牵一发而动全身。对问题进行深入挖掘，你会发现它已波及整个企业。如果你不够谨慎，并且没有限制问题的范围，那么，你是在冒重塑整个企业的风险。这是不切实际的，也是无效的。

确认你需要解决的问题

一旦你理解了问题，那就开始检查你自己——这确实是你需要解决的问题吗？如果问题的解决不能增加价值，那就不要卷入其中，因为其他管理者可能会解决得更好。如果问题涉及团队冲突，有时你就有必要涉入。但是，其他的时候你需要告诉团队成员由他们自己去解决问题。那些过快承担解决问题责任的管理者们会发现所有的问题都会找上门。

对问题进行优先排序

如果确定了这是你需要解决的问题，那么它有多重要？你必须将这一问题与工作中的其他要做事情一起进行先后排序。在大多数情况下，你没有时间去做复杂的排序工作。你需要的是简单的、有指导性的优先排序。这种排序方式应该是你每天思考的一部分。

进行优先排序时应考虑的因素包括：问题产生的影响、恶化的危险、发生的频率。此外，你还需考虑自己是否能够解决这一问题。说起来这些似乎都是十分理所当然的，但是管理者通常会浪费大量的的精力去解决不在他们掌控范围内的问题。如果你没有掌控权，那就不要去解决它。最后，你在一个政治化的世界里工作，你还需要考虑这个问题的政治环境是什么，它对于高层利益相关者来说是否重要。如果是，那么它的优先等级就很高。如果管理者不考虑这些政治因素，那么他必定是十分幼稚的。

识别解决方案

没有现成的技术可以帮助找到解决任何问题的方案。但是，如果能够对问题进行细化和调查，那么通常很容易得到解决方案；如果不是的话，那么就让你的团队参与进来寻找解决方案。创造力不是管理者的专利，头脑风暴和其他集思广益的方法通常是十分有效的。可能还会有一些专家存在，你可以拜访他们，或者可以考虑是否有其他人也面临与你相似的困难，了解一下他们是怎么做的。

解决问题并监督过程

最后，实施解决方案以解决问题，同时要进行监控以确保解决方案的实行。但是，遗憾的是，不可能有十全十美的解决方案，一些解决方案也会引发其他的问题。

跨部门和跨流程中的问题

跨部门和跨流程的解决问题方式是符合逻辑且奏效的，但它对解决企业中最大的问题并不奏效。这个最大的问题就是由一个部门引发的问题会波及其他部门。一个经典的例子就是当销售部门迫于实现目标和获取佣金的压力没有写下质量订单，销售团队不用担心这个问题，因为他们仍可以获得佣金。但是，订单执行部门却受到这个问题的困扰，他们不得不浪费时间在编排表格上，以追踪顾客正确的信息。

针对这类问题的一个解决方案就是完善流程设计和跨流程管理（而不是简单地进行职能管理）。这是一个非常行之有效的解决方案，但是你不能每次与其他部门发生问题时，都要对企业模式进行重塑。解决这类问题普遍的做法是利用自己的能力去协商和影响其他部门。

遇到这种情况时，不要在一开始就相互指责，开始一场口水战，或者给导致问题的部门发送不友善的邮件，这些都不能加速问题的解决。首先，你应确定你知道问题的所在并明确你大致的解决方案，然后向其他部门的管理者解释你的困难和你理想的解决方案。尽量说服他们，让他们认识到解决这一问题的价值。同时也要会灵活变通，例如，在有些情况下，你的这种方法并不一定奏效，那你就需要寻求更多资深管理者的帮助。切记，不要与他人开战，因为这通常是不利于解决问题的。

其他的建议

关注那些真正需要解决的问题并迅速解决它们。不要一厢情愿地认为一些问题只发生一次而且不会再发生。有些问题可能很恼人，但实际上并不会引起任何真正的绩效问题。另一方面，一旦识别出真正的问题就去及时处理。

你需要在做优秀的团队中的一分子和做好自己的工作之间找到平衡。乐于助人固然是件好事，但是解决其他团队的问题则并不总是件好事。当你没有时间完成自己的工作时，你就不应该去解决其他团队的问题。一直解决他人的问题也是有危险的，因为他们会因此没有动力去解决自己的问题，也永远不会学着去解决问题。

问题的来源之一是你团队成员间的争端。有时这种争端可能会升级成为冲突，从而影响生产率。记住在这种情况下，团队成员应该成熟行事，自己解决问题。在被牵扯进入之前，要竭力鼓励争端者首先自己解决问题。经常与团队其他成员发生冲突，并且在没有管理干预下无法自行解决问题的团队成员，应被视为存在严重的绩效问题。

导致这种争端的一个重要因素是发送不恰当的邮件。因此，无论什么时候，都要尽可能鼓励面对面的谈话。如果不能面对面，那么使用电话。不鼓励出于政治原因使用邮件，尤其是当问题涉及团队成员间一对一的争端时。

最后，不要沉迷于救火！我们都偶尔需要救火，并且逐渐地变得擅长救火，这当然非常好。但是优秀的管理者首先要做的应该是防范于未然。

若存在以下情况，需更加努力

- 要么，没有成功解决问题，使你的工作不断加倍受到影响；要么，所有你做的事情都是在解决问题。

◆ 管理者备忘录

- 接受这样的事实：解决突发问题将会一直是你工作的一部分。
- 从阐明问题和给问题划界开始。
- 优先处理并关注最有益于企业的问题。
- 在解决问题之前，确保你是解决问题的最佳人选。
- 就跨部门的难题进行协商，避免战争。
- 鼓励团队成员在向你求助之前自己解决冲突问题。

Chapter 4 应对变革

◆ 关于什么？为何重要？

企业始终面临持续变革的压力，这些压力包括竞争力、社会变化和技术进步等。无论你喜欢与否，你都不得不学会如何应对变革。理想情况下，变革会为管理者带来发展的机会。（虽然这听起来总感觉带点嘲讽，因为管理者大多认为，他们是靠改变他人而增加自己发展机会的）。

从管理的角度讲，变革包括诸多活动，从增量改进到根本改进项目，其中涉及系统的实施、重组、重构、重新设计程序、文化转换——这些都是变革。而如研发新产品、资源重新配置、企业扩张以及兼并和收购等方面的活动也都是变革。

变革不是偶尔发生的，而是管理者日常工作的一部分。应对变革的能力并不是一项高级技能，并不需要等到你有足够的经验，它只是一项所有管理者都必须或多或少掌握的基本技能。

变革管理技能是你职业生涯发展的重要部分。如今，组织很少纯粹根据你每天的工作表现来对你进行评价，而是更加强调你的变革管理能力，包括持续提高企业绩效的能力和领导大的企业变革活动的能力。现在，许多管理工作说明书中都包括了变革技能。

◆ 管理者的目标

- 能够通过对你团队进行有效的变革来支持企业的发展。
- 协助团队进行日常的变革。
- 能够在你的团队中实现自身的提高。
- 自身能经受住变革的考验。

实现目标过程中的常见问题

- 变革会给管理者及其团队带来额外的、不可持续的工作负担。
- 团队成员抵制变革。
- 变革会造成企业运营中断，以及绩效目标无法实现。
- 在变革启动后，变革无法持续。

◆ 管理指南

变革活动多种多样，但是有两个关键的情况你需要应对：

你是变革的组织者，除非你身居高位，不然变革只会是团队中很小的一个增长性变化；

变革是被强加于你和你团队的。这在大多数团队中司空见惯，而且会愈演愈烈。

有种观点认为，变革应该是由具有前瞻性的高层管理者或努力工作的变革团队来实施的，这可能是有必要的，但这还不足以实现变革。鲜有人指出的一点是，变革并不是由项目团队或变革倡导者实施的，而是由管理者及其团队通力合作来进行的。你和你所有的管理伙伴是一个变革团队，如果你们没有积极推进变革，那么变革就不会发生。

营造一个促进变革的团队环境

如果你的团队氛围能够促进变革的发生，那么团队就能以最佳状态进行变革。营造一个适合的环境是管理者日常工作的一部分，而不是变革活动特有的工作。管理者的目标应该是创造一个积极回应变革的团队，为此你应该做到以下重要的方面：

- 经常设定变革和持续变革的目标。
- 明确鼓励和奖励促进变革的行为。
- 支持工作方法的持续创新和提升。
- 使团队成员习惯于变革，理想的情况下，让每个团队成员都能参与变革项目中，不仅仅是为了团队也是为了企业。
- 限制权力感，因为团队成员可能拥有许多有效的权力，但是你不能让这些权力扩张，不然只会让变革变得更加困难。

帮助团队中的个体顺利渡过变革期

当我们谈到企业、部门和团队变革时，我们往往都是在强调群体层面上的变革。这一点对于企业来说尤为重要，因为企业往往认为实施变革的成功来自于群体的改变。但是，这样会忽视个体的作用，而最终，变革是组织中个体行为持续改变的结果。变革是发生在个体层面的。

对于你的团队，你应该确保每个成员：

- 理解变革及他们在变革中的角色的含义。
- 能够以革新的方式工作，这可能需要指导、教育和培训。
- 愿意以革新的方式工作。
- 持续受到以革新方式工作的激励，并且当关注点不在革新上时，仍然不会倒退到以前旧的工作方式。

变革管理的一个主要方面是变革阻力管理，作为管理者，你的一个主要职责就是评估和处理变革阻力。

变革是由人完成的，而不是由新系统、新流程或新工具完成的。变革可能会需要对原有系统、流程和工具进行修改，但是它们只有被人们采用了才叫变革。实施变革实际上就是让人们以变革后的方式进行工作。人们需要亲自经历变革。如果没有人亲自经历变革的话，那么什么都不会发生改变！对于变革，人们会有一种普遍的回应：抵制。这可能是由实际的或者心理的原因所导致。而抵制的程度则取决于个体及他们对变革的理解和感知到的变革对他们的影响。

变革阻力是变革中不可避免的一部分，如果没有抵制，那么也就没有人会相信变革会真正发生。你不能低估变革阻力，也不能假设它会马上出现，你可以对它进行评估，对抵制的发生做好准备，并且尽力减少阻力，但是你无法消除它，因为它不是你的敌人，它只是你必须管理的现实生活的一部分。

确保团队持续产出

变革活动一个较为常见的结果是团队绩效的滑坡，有时这是无法阻止的和不可避免的。但是这常常是因为变革活动导致人们兴奋、产生压力，使他们无法关注日常工作。尽管你有种种理由去解释团队绩效滑坡的原因，但没有人会相信你。即使在变革中，你也不能忽视日常工作。

为了确保变革过程中绩效受到最小的影响，你必须做到以下几点：

■ 使团队成员关注于团队目标。变革会影响你在分享和阐明目标中已经做出的努力。在变革期间，人们可能会只按照各自的日程安排行事，这就会对团队造成威胁。因此变革管理中非常关键的一点就在于确保人们关注部门的实际工作。

■ 确保变革的结果与变革目标相符，并且有助于你实现自身的绩效目标。

■ 尽量去影响变革发起人选择最合适的时间实施变革。这就意味着避开工作负荷较大的高峰期，尽力在工作较少时开展变革。

■ 如果绩效可能下滑或不可避免地要下滑，那么你需要及时说服关键利益相关者改变其预期。

持续变革

一旦完成了变革活动，管理的注意力就会转移到其他事件上去，当前的变革就不再是工作中心。这时除非组织能够谨慎从事，否则变革就有可能半途而废，为了阻止这一趋势的发生，可以采取以下措施：

■ 直到变革成为一种日常工作方式，并且已经完全嵌入日常工作之中，才可以结束变革活动。

- 确保你自己的行为与变革的结果保持一致，如果你自己都不支持变革，那么你的团队也不会。你的行为与变革之间即便是有再微小的差距，也会被团队成员察觉；
- 继续明确鼓励与变革结果保持一致。
- 倾听团队成员的意见。帮助他们处理其工作。在变革结束前，及时获得关于变革的有效反馈。

帮助你自己

变革阶段对于管理者来说极具挑战，你会面临超负荷的工作。你要处理自己对于变革的反应，这时候，你的忠诚度会发生分裂：你是企业的代理人，你需要确保变革的顺利进行；同时你也是团队成员之一，是一个会受到变革影响的个体。

我们都能处理一定程度的压力，但如果你总是在变革到来时十分紧张，那么管理职位可能就不适合你。然而，如果你正处于职业生涯的开始阶段，那么，毫无疑问，你会在第一次实施重大变革时十分紧张。这很正常，也会随着时间流逝变得越来越容易。以下是两点建议：

- 尽量始终保持你和团队应对变革的能力。如果日常的工作已经让你疲惫不堪，变革必然变得很困难。
- 对于变革尽量保持开放的心态和灵活性。不要认为工作中的所有事情都是一成不变的。企业的任何方面都可能会改变，要对此做好准备。

出于对你自己职业生涯的考虑，不要消极应对变革。常常你会有机会去影响某项变革，尤其当你在变革早期就参与其中时。认真考虑变革活动对你作为管理角色的影响，并提前想出应对变革的可行方案。

如果你确实无法胜任该职位，那么你应确定你将做什么。如果你的职位因为变革而消失，那么就去从事专业性工作，并开始去适应自己的新角色。无须恐慌，企业就是这样的，总需要能够实施变革的管理者。

若存在以下情况，需更加努力

- 变革经常会给工作关系或者绩效带来很大干扰。

■ 变革不能持续地在团队中进行。

■ 你在变革过程中压力过大。

◆ 管理者备忘录

■ 营造一个有助于团队适应变革的环境。

■ 帮助个体顺利渡过变革期。

■ 确保在变革实施的同时，团队能保持正常运作。

■ 在变革活动结束后，继续保持变革的结果。

■ 帮助你自己顺利渡过变革，提前做好应对变革结果的准备。

第七篇　富有经验的管理者

每一个管理者对于管理的构成要素都有其自己的观点，他们都以独特的熟练程度履行着管理职责，举行着如招募团队成员、授权和绩效评估这样的活动。

作为一名管理者，你的成功部分取决于你有效执行这些常规任务的结果。但是，你的成功也取决于你对管理概念的熟知程度。本篇从四个方面进行了探索，富有经验的管理者能够通过增强其对管理的认识而使自己脱颖而出。

第一节挑战了管理中有关确定性的悖论，揭示了被定义为最佳实践的脆弱性，同时探究了这些对管理工作的意义所在。

第二节探讨了管理者承担的风险以及承担风险的益处。承担风险不仅对企业有益，而且有助于你的职业生涯发展。

在传统管理知识体系之外，存在着许多其他有价值想法的来源。第三节提供一个例子说明一整套思想体系。虽然这套思想体系并非来源于管理领域，但同样能够为管理者提供灵感。

第四节讨论了语言的话题。作为一名管理者，你说什么和怎么说比其他任何因素更易于将你与其他管理者区分开来。然而管理者很少会思考语言的使用问题。

Chapter ❶ 有关管理科学及未来可预测性的悖论

◆ 关于什么？为何重要？

让我们来考察一下现代管理的情境。

几十年来，人们对管理方法和管理工具进行了研究和发展，减少了对直觉和本能的依赖，并由此创建了一个标准化的管理模式。该模式基于这样一个假设：管理是一门科学，如果在管理中采用了正确的方式就会产生可预测的结果。

管理者从他们自己的经验和其他管理者及评论家的集体智慧中学习如何进行管理。这些经验被校准并且被贴上了“最佳实践”的标签。有时这些最佳实践在进行了正式化以后便成为了培训课程——从小型培训到MBA课程。

优秀的管理者为了应对未来的不确定性会基于世界运转模型做出各种预测。管理者致力于在多个领域完成最佳实践，预测最佳实践是如何实现的、要求的预算是多少、实现最佳实践的计划是怎样的。这些将被记录在企业的案例、项目计划、预测报告、金融模型和预算之中，它们描述了未来哪些事情有望发生。另外，做出这样的预测之后，对于管理者的绩效评估也有了一个依据。

人们普遍认为，我们无法知道所有事情，因此预测是建立在有迹可循的假设之上。人们还普遍认为，由于在一定程度上存在着不可预测性，因此风险能够被识别。

企业文化将详细的预测视为有价值。企业也将能够使结果与预测达到一致的管理者视为有价值。这些通过新闻媒体、评论家和股票市场得到强化。如果你无法准确预测，这也就意味着你不知道自己在做什么。

你必须在这种文化中工作并运用现有的模型进行预测。本小节将探索这些模型的不足之处。

◆ 管理者的目标

- 理解管理预测、预告、预算和计划的优势和局限性。
- 能够对未来进行预测，同时理解这些预测的不足。

实现目标过程中的常见问题

- 普遍原理常常与普遍法则相混淆。
- 不能准确预测被视为无能。

◆ 管理指南

标准化模型的缺陷

在标准模型中存在几个根本性的缺陷。这些缺陷并不难识别，实际上企业中人人皆知。企业的新人清楚地指出了这些缺陷——他们往往会问类似“我们究竟为什么要这么做”的问题。

最显而易见的问题是信息太有限而无法进行准确预测。此外，世界是变化的，因此当前预测的情况与结果产生时的情况是不一样的。我们对世事的预见性是有限的。这就是为什么预测会使风险和假设变得更为显性。因此，作为富有经验的管理者，他们应该在其预测报告中涵盖一定形式的敏感性分析。

信息有限的问题的确存在，也得到普遍的认识。但是还存在更多隐性的问题，它们源于对管理法则的认识和管理者的行为。

管理并不是一门可以完全理解的科学，有关管理的一些看法和观点不具备自然法则的有效性。管理充其量是基于有限数据样本的一系列合理的实证观点。管理规则和法则大部分是粗略估计和经验法则。管理预测往往涉及人的行为，并且假设人都是理性的。然而大量证据表明人并非理性。很多时候，人们是不够理性的。

这涉及的是普遍原理与普遍法则相混淆的问题。当某个行为导致某个结果时，就会被假设为该行为具有可重复性——这种归纳逻辑是科学的基础。但是，这种可重复性仅限于所有条件相同的情况下。然而情况不会总是相同，并且我们不清楚究竟是什么使得条件足够类似，进而使得行动能够按照预测产生相同的结果。人们根本没有去怀疑普遍原理，而是一味假设情况会足够的相似，最佳实践就此产生，它被当作一个法则来遵循。这在企业中已司空见惯：从“我已经观察到”到“的确是这样”到“你应该”到“每个人都必须”，根本不需要任何额外的证据。

另一个问题就是管理行为。我并不是说所有管理者的行为都像我将描述的那样，但是有些，通常许多都是那样的。

管理者并不愚蠢，他们知道自己对问题的认识不够全面，因此他们在预测中会构建安全要素（safety factor）。大量的安全要素均过度估计了需求，这就导致在常见的预算活动中，管理者要求预算越多越好，而上级管理者则提出质疑，并且尽可能地削减预算。双方其实都不清楚到底需要多少预算——但普遍的假设是，只有当管理者受到足够的质疑，最后达成的妥协才是正确的。如果管理者获得比实际需求多的预算，那么他的目标就是花费所有的预算来达到预期的结果。这样，实际情况就与预测相匹配了。

管理者借助预测流程并不是为了发现答案，而是为了证明某种方法的合理性。管理者从预测中找到他们所需的答案来证明他们的方法是合理的。一切的投入、计算程序及假设都是为了获得所希望的答案而捏造的。

实际上，一些管理者并不在乎预测的结果。如果管理者正在进行未来几年的预测，他知道自己的任期比预测的年限短，他就没有必要担心这个预测正确与否，此时的预测只是获得认可的一种机制。新任管理者接管工作后的第一件事就是将所有主要计划和预测的基线进行重设，并把所有问题都归咎于前任管理者。

目标的缺陷

管理模型是有缺陷的，难道管理努力想要达到的目标就是正确的吗？如果我们继续收集证据、建立更好的模型，问题就能被解决吗？该模型或许会有所帮助，但并不能解决根本问题。问题并不在于运用标准模型实现目标的方式，而在于目标本身存在缺陷。这些目标包括：

■ 获得完美的预测。

■ 用普遍的最佳实践和科学代替人的主观性和直觉。

完美的预测简直是天方夜谭，是不可及的目标。无论如何，难道管理者不应该追求最佳结果而非要追求最大的可预测性吗？

许多成功的企业家依赖于直觉。他们倾向于对管理模型和计算程序不屑一顾。在制定决策和提供洞察力上，直觉既快捷又节省资源。模型和预测则消耗大量资源，却产生不了实际有价值的东西。依赖于预测的企业生产不出产品、销售不了产品，满足不了顾客。

你并不需要更好的运算程序甚至更多的数据。你需要的是更好的直觉。管理者回避直觉的理由是因为直觉与组织运行的方式不相匹配。没有人会因为说服上司相信其直觉而获得预算。

普遍的最佳实践的问题在于它与竞争性企业的需要相悖。如果你运用与你竞争对手相同的最佳实践，那么你就与竞争对手没有什么两样。如果有人做得更好，那么你就会没有竞争优势或被企业所淘汰。虽然“最佳实践”意味着不会存在更好的方式，但早晚这些最佳实践都会被取代。

为何要自寻烦恼呢？

从上述的讨论中我们似乎可以得出这样的结论：我何苦要进行预测？但是，以下理由充分说明你必须这么做。

第一，预测、计划和预算是企业惯例的一部分。每个社会都有其惯例和习俗，如果你想要成为该社会的一份子，你就必须遵守这些惯例。你可以强调有关预算和预测的缺陷，但是如果你不依此行事，你就无法在企业久待。如同所有其他的事情，计划、预算和预测都是企业的政治流程。他人不仅仅通过你获得结果来评判你，更重要的是你在这些活动中的表现和行为是否符合人们对管理者角色的预期。如果你不按此执行，将一事无成。

第二，有缺陷并不意味着没有用。我采取批判性的方式来讨论预测、计划和预算，但是好的预测和计划如果运用恰当，会起到很大的作用。虽然好的预测和计划不多见，但在一些情况下，如果你对实际情况了如指掌，那么你预测的准确性就会很高。总体而言，计划和预测是十分有用的，只要：

- 你将它们作为指南而非答案。
- 你充分理解其准确性和敏感性。
- 你认识到模型中的风险和假设，如果风险发生，你就能及时处理。
- 你投入适当的时间来进行预测。理想来说，这应该是你整体时间中相对较小的部分。

最后，作为普遍指导，对标为最佳实践的一切事情保持审慎的态度。它可能是也可能不是。如果你面对最佳实践，问一问是谁将其定义为最佳实践的，是基于什么样本数据。

若存在以下情况，需更加努力

- 你对于自己预测和计划的能力感到担忧或有压力。
- 你认为预测和计划是浪费时间并且希望停止这些活动。
- 你花费相当多的时间进行预测（除非你是专业的预测家）。

◆ 管理者备忘录

- 企业中预测结果的标准模型是存在缺陷的。
- 管理（还）不是一门科学。
- 然而你必须进行预测、计划、预算，因为这些是你无法改变的企业规范。
- 你应该进行预估、预测和计划，因为它们是有用的和重要的活动。但是你应始终保持清醒的头脑，明确它们内在的缺陷。

Chapter 2 管理者需要承担风险

◆ 关于什么？为何重要？

风险是管理的一大特征。在管理中，未来是不确定的，信息是不完整的，认知能力是有限的，这些因素都导致了风险的产生。各种处理风险的技术被称为风险管理。

本小节着眼于管理者面临的风险。在大多数的管理角色中，不需要将风险管理复杂化。管理者需要的是一种对风险的直觉和熟练的处理方法（有关风险管理的详细论述或针对具体企业中的风险的讨论均不属于本书讨论的范围）。

风险管理技术是以鉴别潜在风险以及决定如何应对风险为中心展开的。作为管理者，一些风险是可以忍受的，一些风险是需要避免或减少发生的，其他风险则需要准备应对方案予以处理。你不可能完全消除风险，你必须以各种方式来处理风险。

风险是一个不可避免的问题，但是它同样也是管理者可以利用的一个机会。承担风险会有可观的回报，至少对于那些会有回报的风险是这样的。一个能够让你脱颖而出的就是你选择承担什么风险及你如何成功应对风险。

◆ 管理者的目标

- 开发一种能够识别风险的直觉。
- 学习一种处理风险的实用性方法。
- 当面临风险时，选择承担合适的风险。

实现目标过程中的常见问题

- 倾向于忽视风险并且认为预测和计划万无一失。
- 风险管理失衡。在应对常见风险时，分析过多，行动却过于迟缓；与之形成鲜明对比的是需要认真分析的重大风险却缺乏充分的分析。
- 风险规避的个性特点和管理文化导致了不愿承担那些可以带来有益回报的风险的倾向。

◆ 管理指南

这里介绍一个有关风险的简单模型。该模型有其自身的局限性，但是对于大多数情况下的使用绰绰有余。如果你需要复杂一点的内容，那就去参加专门的风险管理技术培训或阅读相关书籍。该模型有两个相互独立的维度：可能性和影响性。可能性就是一项风险发生的可能性；影响性涉及一旦风险发生会产生的效果。最良性的风险可能性和影响性都比较低，而最令人担忧的风险发生的可能性和影响性都比较高。

风险的类别

对管理者来说，有三种类型的风险：

1. 你工作中固有的风险，这些风险无法避免，你必须去面对。

2. 小风险，你可以避免它们，但你也可以选择是否避免它们，因为它们可能会对你个人或团队有益。

3. 大的可选择的风险。你可以避免它们。如果你处理不好，它们就会成为潜在的灾难；若你处理得当，回报自然也会丰厚。

让我们来看看每种风险的例子。

对于你工作中固有的风险，大多数影响性都很小，尽管它们发生的可能性相对很高。同时，你可能发现在管理角色中这种风险越来越多，在某种程度上，这些风险存在于任何工作中。你工作中固有的风险的例子包括：

- 在日常工作中由于缺乏足够的信息而做出错误的决策。通常，你必须在研究问题与快速决策之间进行时间上的平衡。
- 选择错误的优先级。这意味着关注错误的活动而选择忽略那些你应该进行的活动。
- 犯错。如由于粗心大意，小组计划中漏掉了某件事情，或者选择一个次优的方法去解决问题。

第二种风险与你的管理角色直接相关。作为一名管理者，在日常事务中面临着多种决策。有时，你拥有选择应对低风险的方法的权力，但是出于多种原因，你可能会选择一种更高风险的方法。在大多数情况下，即便你的选择出了错，对你的影响也不会太大——最坏的情况也就是被上司教训一顿。这类风险的例子包括：

- 在你可以选择一个可信赖的有经验的专家时，你却将工作分派给了一个没有经验的团队成员。
- 在预算与人才管理方面不按规定流程做。你选择不按优先级行事，也不分配时间去完成首要任务。
- 与一个你并不完全信任的同事分享政治上敏感的信息。

除此之外就是真正的可选择的风险。一些管理者在他们的职业生涯中从未承担过这类风险，而其他管理者，尤其是那些雄心勃勃的，自信满满的或者不甚明智的管理者会承担这类风险。这些选择发生的频率较低，如果出错的话，对你个人的影响是十分巨大的。这类例子包括：

- 选择一项具有挑战性的且前人尝试都失败的项目。
- 在你并不理解重要利益相关者的要求或你还不明白该怎么做的情况下，答应该利益相关者的要求——但是从政治上讲这么做似乎是对的。
- 进行一项与组织惯例或文化准则相悖的重要任务，或者违背一个重要的利益相关者的愿望。

处理风险——一般意义上的

说到风险，并不就你一个人会遇到。风险是工作所固有的，无法消除。但并不是只有你需要处理这些风险。每个从事与你类似工作的人都面临着同样的挑战。然而，如果你善于观察并十分明智的话，你就能够有效避免那些最坏的风险，除非你选择承担这样的风险。

不用为你每天所面临的大多数风险而担忧。单个风险并不重要，重要的是风险的累计效应和后果。从风险组合的角度来考虑你的选择。只要你做出的选择大部分是正确的，并且针对重大风险所做出的处理也是正确的，那么如果你在处理小风险上犯点错或进行了次优的选择，也会被忽略不计，被慢慢淡忘的。

风险意识以及对风险做出评估是十分重要的，但不要花费过多的时间去分析风险。因为信息缺乏会导致风险，同时这也将成为你应对和评估风险的制约条件。当信息相当缺乏时，试图进行复杂分析或执行资源密集型算法都将毫无意义，而你所做出的相关假设也将隐含某种风险。

通过分享的方式来降低风险。如果你感觉风险不堪重负时，那就与你的上司谈谈，获取他对于如果克服风险的真知灼见以及他对你所采取方式的赞同程度。一旦这么做了，你就不再是孤身奋战了——你的这个风险现在也是你上司的风险。上司为了其自身的利益将会赋予你尽可能多的权力。然而，你不能总是与你上司分担你的风险，因为这会激怒上司，同时也显示你缺乏判断和决策的能力。

处理每一种风险

对于第一种风险不要过度分析。快速评估情境并做出看似正确的决策。如果你不确定，那就进行一些尝试，边尝试边学习，不断积累经验。挑选出一些较为重要的选择，在进行决策过程中更加小心谨慎，并逐渐习惯这类风险。

对待第二类风险与对待第一种风险是相似的。不要承担这种类型的每一个单个风险，但是尽管这些是可供选择的，你也需要承担一些这种类型的风险。在短期内，你可能会进行一些冒险，但是从长远来看你将趋于减少风险并提高绩效。例如，如果你从未将工作分配给缺乏经验的团队成员，那么他们永远不会得到学习，同时也限制了团队能力的提升。如果你提供了他们学习的机会，当不得不需要将工作分派给他们的时候，你就能在提高团队成员的能力同时也使自己变得更加灵活。随着时间推移，你就能自然而然在评估和承担这类风险方面有所进步。只要你能很好地处理大多数这类的风险或者不出什么明显的错误，那么你就会安然无恙。

对于第三类风险，你有选择权，你迟早都会面临这类风险。如果你想要避免它们，那么你通常就能回避它们。但是如果你想使自己的职业生涯有长足发展，你就需要承担类似的风险。小心翼翼地进行选择，尽量坚持那些你已经熟悉的东西，或者以不同的方式去应对风险。你必须避免那些没人触碰的噩梦般的确实有麻烦的项目。另一方面，有的风险只是看似可怕，如果你采用不同的方法，你就能加以解决。解决他人认为无法解决的问题将大大有利于你的职业生涯发展。

不要对承担风险过于乐观。没有人会因为悄悄搁置或避免有前途的但却有风险的想法而受到惩罚；相反，如果你坚持一个具有风险的想法，但最终失败了，你就会受到处罚。然而，真正的成功来自于你能否在权衡自己利益与企业利益的基础上承担风险。成功的职业生涯往往是建立在成功完成若干件大事的基础上的。

选择

大多数决策是关于如何做出选择。但是未来是不确定的，无论你拥有多少信息，你的选择都可能是一个次优选择。如果你在制定决策之前三思而后行，决策的质量就会随着你拥有的信息的提升而提升。但是，有时你需要做出某个选择，然后保持该选择不变。

一个可供选择的做法就是保持你的选择的开放性。金融服务基于选择的价值构建了一个完整的行业。有时与其选择A而不选B，还不如对于A和B都多投入点时间和资源——这不是因为最后的成果会证明同时选择A和B是值得的，而是继续拥有选择A和B的权利是有价值的。

任何时候当你要做出选择，尤其当这样的决策是重要的且不可逆时，你需要问问自己是否真的必须马上做出决策。你需要在快速决策和保持弹性之间找到平衡。成功的企业是敏捷的，即快速做出决策并关注有限范围的活动。但是，成功的企业同时也是灵活的，即恰当地保持选择的开放性。

若存在以下情况，需更加努力

- 在面临风险时你颇感困惑和不知所措。
- 作为管理者，对于每天所面临的风险你感到压力重重和忧心忡忡。
- 你雄心勃勃，想通过大胆的行事风格使自己脱颖而出。

◆ 管理者备忘录

- 每天都有你无法避免的风险。你需要做出决策并从结果中不断学习。
- 选择你能够承担的一些短期风险，从而减少长期风险。你必须承担一些风险。
- 选择的风险是很大的。谨慎选择，但是如果你是一个雄心勃勃的人，迟早你会承担某些风险。
- 选择是有价值的。因此保持选择的开放性可能是有益的。

Chapter 3 向斯多葛派学习

◆ 关于什么？为何重要？

管理者从他们个人的工作经验及企业中其他管理者那里得到学习。然而当你思考管理任务时，显然其许多方面对于企业来说并非是独一无二的。如管理团队、与人们互动及影响他人、克服困难或者整合复杂的信息这类活动对于成功的管理而言是至关重要的，但是这些活动在生活的许多其他方面也同样必不可少。

如今，阅读一些非管理类的书籍，并将其应用于企业活动中已成为一种趋势。典型的例子就是孙子的《孙子兵法》、马基雅维利的《君主论》或是一些有关大型运动项目的冠军故事等书籍。一些选择比其他选择更加奏效。我选择了不太普遍、与主流思想不同但是我认为对管理者思想大有裨益的一个流派：斯多葛学派。

斯多葛学派是古希腊和古罗马哲学中的一个流派。当我们如今谈论到斯多葛学派的行为时，我们是指那些能够忍受不悦或痛苦却毫无抱怨者。斯多葛派的哲学家们会支持这样的行为，但是他们拥有更加宽泛的信仰。其中一些信仰在我们如今看来似乎比较荒诞或不可思议，但是其他一些却是十分有趣，并且他们的许多思维方式是十分具有启发性的。

著名的斯多葛哲学家包括：基提翁的Zeno、Cleanthes、Chrysippus、Epictetus和Seneca。本小节所有的引用基本都来自最著名的斯多葛学派作家及其著作，罗马皇帝Marcus Aurelius和他的著作《沉思录》。我选取了五处简短的引用来帮助你思考你的管理态度和行为，并鼓励你去阅读更多相关内容。

有时很难准确确定古代哲学家的一些思想和观点对于他们所处时代的真正含义。但是，我们可以把他们的思想和观点运用到我们所处的情境中，通过这么做我们会发现有许多值得借鉴的东西。请阅读本小节，了解斯多葛学派的思想，开拓思维去接纳大量广泛的、适用于管理的知识。

◆ 管理者的目标

■ 了解从不同来源获得有益的管理思想的一个例子。

■ 开阔你的眼界，去关注一些有助于管理的更宽的视角。

实现目标过程中的常见问题

■ 不愿意去探索提升管理洞察力的其他来源。

■ 对于企业运作的不恰当比喻导致人们丧失了寻求外部见解的意愿。

◆ 管理指南

从《沉思录》中选取的经验教训。

“不要因为一件事情对你而言很难办，就假设它超越了常人的能力范围；相反，如果一件事情对你而言是可行的和合适的，你就应该假设它属于你自己的能力范围。”（《沉思录》，第6卷，第19段）

“追求不可实现的目标是疯狂的，然而，轻率的人永远无法抑制这么做。”（《沉思录》，第5卷，第17段）

我引用这两段话来开始我们的讨论。它们概括了你需要在工作中寻求的平衡。一方面，你应该迎接严峻的挑战，而且敢于承担艰巨的任务；另一方面，你需要保持面对现实的心态，避免浪费时间于不切实际的事务上。

积极的思维意义重大。积极思维者一般都比较快乐和健康。善于积极思维的管理者远比那些不善于积极思维的管理者收获更多。当面对挑战你能够积极思维的话，那些原本不可能的事也会变得可能。永远不要仅仅因为迄今为止没有人能够完成的某件事就认为某些事情是不可能完成的。

但是天真的想法是有害的：认为你可以完成所有的事情，仅仅因为你相信你自己可以。除非积极的想法与胜任力和努力工作相联系，否则你会遭遇挫败。几乎能确定的是，你能做的事情远远超乎你当前的想象，但是没人能够做到所有的事情。

有些目标是你和你的团队永远无法实现的。它们超出了你的管理能力、资源和影响力。为达到这样的目标所做的努力是徒劳的。

在大多数组织中，总有很多事情看似是次优的选择，或者会让我们忍无可忍。每个人都会发现，在工作中有时我们会扪心自问："究竟为什么我们要像那样去做事？"当你发现自己以这种方式思维时，你需要挑战你自己，不再将所有的事情当成理所当然，不要忍受这样的回答："事情本来就是这个样子。"但是也没有必要担心或竭力去改变这些超越你能力、资源、影响力的事情。

比如说，当你是一名CEO或者CFO时，你可以有效地质疑预测或预算完成的方式。但是在你第一次担任管理者角色时，你还没有能力去影响这类事情。所以，学会忍受它们。另外，斯多葛哲学告诫我们，对于你无法施加影响的事情要学会坦然接受。

我看到过很多管理者浪费了无数的努力，他们试图改变那些超过他们能力范围的事情而承受了不必要的压力。另一方面，我也经常看到管理者战胜了那些在他们同行和同事想来不可能的挑战。所以，要有雄心壮志，但不要浪费你的时间。

"损失不过是改变，而改变是大自然的乐事。"（《沉思录》，第9卷，第35段）

如果你要在商业竞争中求生存，你必须接受变化是不可避免的事实。你不能停止科技的进程，竞争对手的创新，社会态度的演进。你所在企业中的最重要、最稳定和最关键的部分常常易于转变，这些都是没有想到或预见的。

每个人都习惯于熟悉的事物。产品、服务或工作方式的修改都会导致某种失落感。作为一名管理者，你绝不能期望你目前正在扮演的角色在你整个职业生涯中会一成不变。不要抵制变化，而要时刻准备着应对变化，要以开放的心态接受新观点。

从短期来看，作为一名有价值、被追随的管理者，你必须掌握当前工作所需对企业有益的技能。从长期来看，作为一名有价值、被追随的管理者，你必须拥有适应环境和提升技能的能力和意愿。

“如果一个人犯了小错误，温和地告诫他并告知他所犯的错误。如果你没能使他信服，那就是你的错。”（《沉思录》，第10卷，第4段）

作为一名管理者，你需要对你团队的绩效负责。在许多情况下，团队成员是由你精选的。团队成员会时不时地犯错误，而你所扮演的角色就是要帮助你的团队成长，当有团队成员失败时，这不仅仅是一个问题，也是一次学习的机会。

在指导和辅导团队的过程中，你需要对事不对人，把重心放在改正错误，而非惩罚个体上。如果团队成员没有成长，一般会认为是你的失败，因为你既为团队选错了人，又没有很好地帮助他们成长。

“很显然，你当下的生活状态乃是你人生追求的最佳状态！”（《沉思录》，第11卷，第7段）

你可以不断等待一个完美的条件去追求你的人生观、你的目标，或者你的管理抱负。但是你唯一拥有的时间就只有今天，今天总是你拥有的最佳时机。

超越斯多葛学派

对于一些管理的特殊方面，只有等你真正成为管理者后才能深入了解。但是这些大部分是特定行业的活动。成为一名管理者的许多核心技能并不是独一无二的，而是可以从很多其他来源进行学习的。

斯多葛学派是众多有价值的思想的一个例子。如果斯多葛学派对你并不是特别具有吸引力，依然有数以百万计的其他来源可供选择。通过开拓视野关注其他视角，你会找到灵感和想法，这些灵感和想法将会帮助你提升管理技能。

若存在以下情况，需更加努力

■ 在提升自己管理能力和水平方面，你正为获得灵感和帮助寻寻觅觅。

■ 你希望找到非常规或新颖的方式去展示你的想法以帮助团队成长。

◆ 管理者备忘录

■ 管理者所进行的多种活动并不是管理所特有的。因此，标准化的管理信息源并不是管理者寻求方法从而获得提升的唯一方法。

■ 斯多葛学派的许多观点依然浅显易懂，其思想即使在今天看来依然是真知灼见。

Chapter 4
作为工具的语言

◆ 关于什么？为何重要？

在任何一种情况下，你每天使用的最重要的管理工作就是语言——一个你可能最不会考虑到的工具。语言对于一名管理者而言是取得目标和实现抱负的基础。沟通是命脉，它使得一个组织能够得以生存并发展壮大。

语言对于给出指导意见、谈判、收集和分享信息，面试和劝说来说必不可少。这个列表可以延伸到管理者所做的任何一件事。管理涉及影响他人，而影响他人的工具就是语言。

沟通是一项有目的的活动，它是由于某一目的而进行的，并且取决于你如何有效地运用语言——有效地运用语言或多或少可能帮你达成目标。但是语言能做的远不止这些，它是构建人际关系的核心，沟通内容和沟通方式又会对人际关系产生深远的影响。在很大程度上，你构建的人际关系乃是你沟通的结果。

重要的是，通过你交流的内容和方式，你会不断地受到他人的评价。人们通过他人沟通的方式来判断他人。你越精通于语言的运用，你就越容易找到工作并更有可能获得提升机会。每个人都可以提高他们的沟通技巧。

◆ 管理者的目标

- 明确语言对于管理者的重要性。
- 尽可能开发自己的管理沟通技能。

实现目标过程中的常见问题

- 缺乏对语言和沟通技能的认识。
- 把语言当成理所当然，而不去思考其方式方法。

◆ 管理指南

良好沟通的10大基本法则

作为一名管理者，你必须尽可能地进行清晰明了的沟通。管理沟通主要关注的并不是雄辩和华丽的辞藻。如果你的语言功底很扎实那当然很好，但是这并不是主要的。管理沟通具有功能性，因此你沟通中的措辞与信息应该准确和贴切，并且要有信息量。当然，为了使沟通更加有效，语言也需要具有吸引力。

下列表格包含了沟通的10大基本法则

基本法则	诠释
1.沟通前，明确你希望达到的目标	你为什么要沟通？如果你无法回答这个问题，就不可能进行有条理的沟通。如此多管理类演讲条理不清的主要原因就是演讲者对自己究竟要讲什么缺乏清晰的理解，而只是模糊的感觉——“我需要沟通”是远远不够的。沟通是有目的的。明确该目的，然后设计你的沟通以达到这一目的
2.根据不同的听众对沟通进行调整	不同的群体会对不同的语言、风格、媒介和时间选择等做出不同的反应。你需要面对众多的听众，因此几乎不存在唯一最佳的沟通形式。如果你用千篇一律的方式与所有人交流的话，这样的沟通必定是无效的或低效的。沟通的媒介和渠道是多种多样的，不要只固定于其中一种（例如只使用PPT演示），要根据情境和听众进行调整

续表

基本法则	诠释
3.使沟通尽可能个性化	缺乏听众导向的沟通一般是低效的。当然，你不可能关于每件事都单独地跟每个人沟通。有些事情你必须通过邮件的方式与每个人进行沟通，但是这永远比不上个性化的一对一的互动方式那样有效。因此，你必须找到一个平衡点。你需要找时间与较小群体进行沟通和倾听。一般来说，你的努力是会有回报的
4.经常性地重复沟通内容	人们很少能听见或者是完全理解你第一次所说的东西，尤其在听众规模比较大、内容比较复杂或者对信息存在争议或不受欢迎的情况下
5.保持内容的一致性	如果你所说内容是一致的，那么重复将会产生最好的效果。当然，信息会有变化，但是如果信息沟通不一致则会造成混乱并失去信任，也会显得你很无能
6.保持言行的一致性	一致性不仅仅包括一遍遍地重复所说过的内容。当然，你所沟通的信息远比你所说的要多，你也通过他人看见你做什么以及如何做来进行沟通。如果你的行为与你的语言不符，人们就会注意到——人们追随你并非因为你说了什么，而是你做了什么
7.不要为了沟通而沟通，但是避免真空出现	你可能会把时间和努力浪费在不良的沟通上。人们讨厌缺乏实质内容的空洞谈话，这会浪费每个人的时间。但是团队希望他们的管理者能够与他们定期进行沟通。缺乏沟通会导致充满谣言和小道消息的真空出现，这会给你、团队和企业都带来风险
8.多听少说	理解源自倾听。沟通是一个双向的进程，倾听使你能够收集信息并理解他人对你想法的反应，倾听也展示了你对他人的尊重并能构建人际关系和信任。如果人们觉得自己没有得到倾听，那么他们也会趋向于停止倾听。你倾听时所做出的回应方式会鼓励或者抑制团队的沟通。你需要保持这样的态度：任何观点都是受欢迎的，永远不要“枪杀信使”，那样你就能获得大量有用的信息。如果你不断地对团队成员的评论和提问做出消极的反应，那么你就会发现他们会停止与你交流
9.设计重要的沟通	重要的沟通应该是有计划的。如果不是，那么你的沟通将会由于不一致和不充分而被视为不专业。然而，除了有计划的沟通，必要时也需要自由发挥
10.不要把谈话错认为取得进展	沟通是一项重要工具，但是它不是结果

文字的问题

在沟通中，你会假定对方是一个有能力的演讲者，他对文字的理解与你充分相似。他们的理解不必与你完全相同。但是个体之间对于文字的理解差异越大，沟通的隔阂就会越大。

这种假设存在两种风险：

1. 听众的理解可能与你的理解大相径庭。

总的来说，许多商业词汇不同于那些被运用在私人生活或社交场合的词汇。即便这些词汇也被运用在私人生活或社交场合，那么其运用方式也会有所不同。甚至对于一些常见的商业术语，如计划和变革管理，个体的理解也不尽相同。这主要取决于他们之前对这些词语已经形成的理解。这可能也是由特定的情境决定的。

2. 你的听众也许并不擅长演讲。听众也许并不是误解你讲话的内容，而是根本就不理解你的话。企业环境到处是具有判断力的同事和高层管理者，如果你承认自己不理解某个词，那往往会让自己变得很难堪。

如何避免这些问题

清晰沟通的第一步就是使用简单词汇。学者们善于精确使用词汇，但是他们通常使用陌生的词汇和冗长的句子，因此，学者们的著作在学术圈以外都不怎么受欢迎。最受欢迎的管理作家和演说家都使用简单的词汇和短句子。

在你沟通时，应鼓励听众提问。这样，当听众不理解你所表达的含义时，他们就会提问。不要将他们的提问看作是愚笨，而应视为明智的表现。如果你无法定义你正在使用的词汇，那么你将看似是个傻瓜。反之亦然，当遇到你不理解的词语时，也应不耻下问。如果演讲者不能定义某个词汇，那么其使用该词汇的能力将会受到置疑。

定期对词语的含义进行界定，即便是那些常见词汇，以避免误解。以“战略”一词为例，在企业中，这是一个重要的经常会被使用的词。但是，我敢肯定，如果你随机找一些管理者询问他们“战略”的含义，他们会给出不同的定义。这就很难确保有效的沟通。

最后，避免单纯为了赶时髦而使用新的词汇。无论你怎么看，在企业情境下使用陌生的词汇去诠释熟悉的概念总是不明智的。如果你想介绍某个新概念——现有的管理词汇中未涵盖的，那么就使用新的或不同的词语，但对其应进行明确界定。

超越语言

本小节主要讨论了语言的话题，但是有必要记住沟通不仅仅涉及你所用的词汇，它还涵盖其他诸多因素。

人们持续不断地解读他人：词汇、行为、相貌和身体语言。一个人走进房间，是对还是错、他的着装、他的长相、他的肢体语言和面部表情，你会对他表现出来的所有行为进行解读。反过来，你无时无刻不在沟通，无论你是否故意，无论你是否在讲话，你将不断受到评价。

有必要不时地有意识地寻求他人对你的看法，这非常具有启发性，但要避免偏执。类似于NLP（神经语言编程）这样的技术能够使你清楚地意识到自己的肢体语言，并明确如何有效运用自己的肢体语言。

若存在以下情况，需更加努力

- 你的沟通无法达到预期结果。
- 你得到了这样的反馈：你需要提升你的沟通技巧。

◆ 管理者备忘录

- 作为管理者，沟通及你运用语言的方式对你实现目标以及构建人际关系十分重要。它们也对他人如何判断你有着重要的影响。
- 成为一个很棒的演讲者或者作家是十分有益的，但是这对于管理的成功来说并不是不可或缺的。然而，你必须有能力进行清晰的沟通。
- 注意你使用的词汇。许多常见的管理词汇没有固定含义，管理的文化就是如此，在有些情况下，对这些词汇进行界定会很困难。尽可能地做到用词简单明了。
- 沟通是建立在词语基础上的，但又不局限于词语。你身边的人会对你所做的事情和没有做的事情做出解读。你评价他人，而他人也无时无刻不在评价你。

第八篇　全面的管理者

到目前为止，本书的关注点放在管理职能的重要方面：管理者在领导企业团队过程中所扮演的角色。但管理者的角色并不只限于这些核心的方面。本篇会对管理的内容进行进一步的充实。

本篇第一节将会解答如何成为一名优秀的管理者。如果对何谓优秀没有明晰的认识，你将很难成为一名优秀的管理者。

限于本书的篇幅，我们无法涵盖管理角色的所有方面。第二节总结了管理者通常需要做并且也应有能力胜任的额外的工作任务。

在追求你的管理生涯的过程中，通常容易关注的是目标，而忽略了行为的道德基础。有时，道德与兴业之间看似可能存在冲突。事实上并非如此。第三节探讨了如何使自己成为一名德才兼备的管理者。

本章的最后一节向管理者描述了实现卓越职业生涯的方法，这里的“卓越”不仅指拥有尽善尽美完成工作的能力，还包括实现职业的发展。

Chapter 1 何为出色的管理工作?

◆ 关于什么？为何重要?

管理者的工作职责并不总是那么明晰。管理者们有时可以明确并肯定应当做什么，而有时对于模糊不清的目标，却束手无策。随着管理者工作经验的积累，模糊感会逐渐减弱。但即使是阅历丰富的管理者，难免也会遇到棘手的模糊性问题，甚至在努力的方向上做出错误的判断。

因而在评价管理者的工作时，首先需要仔细思量何谓“出色”。

◆ 管理者的目标

- ■ 清晰地认识到什么是出色的管理工作。
- ■ 能够聚焦并锁定对于管理者而言最具价值的活动。

实现目标过程中的常见问题

- ■ 太多的工作任务混淆了思路，模糊了目标。

■ 往往将精力集中于最紧迫的任务而忽视了最重要的任务。

■ 过于追求完美，只求完美的结果。

■ 事必躬亲。

■ 管理视野狭隘，只顾眼前事物。

◆ 管理指南

出色的管理工作的本质

评价管理者工作是否出色依赖于情境和时间。现实中不存在普适的评价标准，甚至对于同一个标准，也会因为工作情境的不同而不同。但是，这并不意味无法给出有关“出色”的总体的和实用的评价要素。一般来说，可以从下列5个要素来评价管理者出色的工作：

1. 团队绩效。

2. 做出改进。

3. 团队发展。

4. 个人贡献。

5. 成为良好的组织公民。

完成一份出色的工作意味着较好地执行了任务，但这也意味着做正确的事。管理者在关注自己的团队和手头工作的同时，还应将视野放宽到整个组织，思考能从什么地方给企业带来更多的附加值。无论你的关注点在哪里，也不要将完成一份出色工作与职业生涯的卓越发展相混淆。它们是相关的，但却并不是一码事。

团队绩效

你的绩效、任何个体或小群体的绩效并不重要，重要的是整个团队的绩效。当然，在你团队中会有高绩效者和低绩效者，但你的根本目标在于领导自己的团队完成必要的工作。

成功管理者的一个最重要的经验就是管理期望。什么是“必要的工作”，答案并不固定。管理者期望的和反复强调的将会构成员工对“必要的工作”的具体认识。这并不意味着管理者永远不会遇到苛刻的甚至不合理的要求，但至少管理者有机会去影响员工的观念。

一名事必躬亲或从不给予指导性建议的管理者，不仅工作负担会无尽地增加，而且永远不会被评价为工作出色。

做出改进

在管理自己的团队时，管理者会发现有些地方还存在问题，有些地方还有待改进。许多改进可以从日常的工作中着手，每日的进步虽小，但日积月累，对提升生产率形成的累积效应却是巨大的。管理者的目标便是最大化团队的长期生产率。

管理者不仅应鼓励团队成员提升工作能力，还需做到授权，使得员工在工作时有权做出适当的改进。当然，任何改变都会存在不可预见的风险，因此管理者需要首先制定一些指导方针，就团队成员在哪些事情上有权自主处理做出规定。

然而，并非所有的改进都可以从日常的工作中着手。有些改进是需要投资的，即总要花费你团队的一些时间，也可能需要预算。在这种情况下，管理者需要权衡团队成员改进过程中生产率的短期损失与生产率的长期提升。

团队发展

优秀管理者与一般管理者之间的一个重要区别在于：如何帮助团队中的个体获得发展。帮助员工获得个人发展的做法有许多，对管理者而言需要关注以下几点：

- 你是团队成员的行为楷模。
- 你的管理和辅导风格。
- 个体工作分配中你所承担的风险。
- 你为团队成员创造的机会，从参加培训课程到参与团队外的项目。

有两个方面可以帮助人们发展：第一，帮助开发个体的技能和能力，有助于其为企业创造更多的价值；第二，为员工个人的职业生涯进行规划。而作为一名管理者，你应该更致力于第一个方面。如果可能的话，你也应该尝试第二个方面，因为这会构建善意、融洽的关系，并且往往有利于企业发展。

个人贡献

你不仅仅是一名管理者，你还是公司的一员，同时也是你团队的组成部分。管理者需要出色完成的工作不仅涉及由自己上司指派的，同样也涉及跨职能任务团队或项目团队。

让我们来看一些例子。你的上司可能要求你对一项新技术做些调查并为即将召开的管理层会议拟一份演讲报告，你却选择去辅导一位在你团队中碰到问题的缺乏经验的同事；你也有可能会参与到找出企业其他领域（不同于你团队工作领域）所存在的问题。

如果你能够选择，你就谨慎选择所要从事的工作，否则你很容易陷入困境而无暇顾及管理工作。但你必须时不时地选择自己的工作。

你的上级依靠你，而他的评价同时会影响你的职业进步。时常向她提供帮助会十分有益。一般而言，参与重要的项目更容易让上司注意到你，这不仅可以向上司展现自己的价值，使自身的影响力和管理能力得到提升，同时也有助于你提升技能，使自己得到职业生涯的发展。

成为良好的组织公民

你的团队并不是孤立的，而是整个组织的一部分。在企业中，总有任务会被贻误，总有问题会产生，以及总有需要帮助的时候。然而，这些需要处理和解决的事情并不属于管理者或其他任何人的职权范围。所谓良好的企业公民，是指当上述问题发生时，能够积极主动参与处理的员工。

对管理者而言，能符合企业公民规范是十分重要的。当然，企业公民行为并不能以牺牲本职工作为代价，尤其是在没有得到上司许可的情况下。管理者应避免由于过分关注对企业内部问题的解决而耽误了自己的工作进度的情况发生。

值得注意的是：不要为他人的工作代劳。良好的企业公民会尽力去填补工作中的空白，但这并不适用于对他人工作的填补。从短期来看，这种代劳解决了眼前的问题，但从长期考虑，问题只会恶化和滋长。本应承担这些工作的个体或团队无法从工作中学习，也会缺乏承担这类工作的动力。此外，管理层也无法注意到相关问题的存在。

克服压力

管理者无法投身于每一项自己感兴趣的工作中。管理者能够完成多少工作取决于其有效分配稀缺资源的能力。对管理者而言，资源即你的时间。你必须经常性地就如何合理分配时间做出决策。

管理者在分配自己的时间时，需要克服以下压力：

- 总在完成最紧迫的任务。紧迫任务固然重要，但管理者如果仅将注意力放在那些紧迫的事情上便会无暇考虑那些重要的工作。
- 总关注“会哭的”。有时“会哭的”未必是最重要的。重要的且有影响力的人并不需要“大声嚷嚷”，但你也需要倾听他们的声音。
- 总要事必躬亲。其实，为了保质保量地完成工作，管理者不可能投身于每项工作。什么事都亲力亲为的结果便是一事无成。凡事必须进行优先排序，这就意味着有些事情你不得不拒绝。
- 力求事事完美。如果管理者是一个完美主义者，那就“麻烦了”。你必须做出让步，否则会让自己陷入一些麻烦的琐事之中。

若存在以下情况，需更加努力

- 难以对自己的时间及工作进行优先排序。
- 不清楚应该关注什么，不确定自己是否在做正确的事。

◆ 管理者备忘录

- 在确保团队实现必要的绩效水平的前提下，针对不足之处寻求改进以提升团队的长期生产率。
- 努力为团队成员的发展寻求机会。
- 做出你个人的贡献，这不仅给企业增值，也有助于你的职业发展。
- 选择性地成为一名良好的企业公民，但是避免自己的公民行为引发更多的问题。
- 通过合理的时间管理及克服不恰当的压力使自己的绩效达到最优化。

Chapter 2 你还需要做什么？

◆ 关于什么？为何重要？

虽然前面七篇的内容已涵盖了众多不同的管理活动，但管理者能做的决不仅限于这些。如果要问“管理者应该做哪些工作”，就好比在问“这条绳子究竟有多长”——因为答案依情境而定，每位管理者都能给出自己独到的认识和见地。然而，常见的管理活动还是有许多，以下介绍其中六项重要的管理活动：

- 满足顾客需求，维系供应商关系。
- 展望未来，谋划变革。
- 实施改进。
- 制定规划、市场预测和预算。
- 履行行政程序。
- 汇报和演示。

你所从事的每一项管理活动都有许多理由，这些理由或多或少具有以下3种属性。

1. 实用性：如使你的生活更轻松、工作更有效或增加企业价值；

2. 政治性：如维持关系及给利益相关者施加影响；

3. 惯例性：企业自身会形成内部的文化和期望，而作为管理者，你必须在企业特定的文化背景下工作，你所做的一切也都必须符合企业的既定惯例。

管理者需要理解管理任务的这3种属性。

年度预算编制过程就是一个囊括实用性、政治性和惯例性任务的例子。从实用性的角度，管理者需要根据预算更好地开展工作；从政治性的角度，你需要支持以获得你所需的预算，而你使用预算的方式会影响你与他人的关系；从惯例性的角度，无论好坏，预算过程需要遵循企业现有的一些方法。

从理性的角度出发，找到更好的方法取代一些企业惯例是十分必要的。但除非你是高层管理者或是颇具影响力者，否则你最好还是遵守企业的这些惯例。管理者需要面临的一个挑战是，你需要判别何时值得冒风险向企业惯例“叫板”，何时应当收起自己的“高调”，遵从那个并非最优的惯例。

◆ 管理者的目标

- ■ 平衡各项工作间的关系，明确工作的理由。
- ■ 游刃有余地处理日常管理事务。

实现目标过程中的常见问题

- ■ 管理者对于自己职责的认识过于狭隘。
- ■ 基于所有管理者都熟知自己的任务和职责的假设，企业对管理者缺乏必要的指导。
- ■ 管理者在工作中过分强调实用性，而忽略了对政治性和惯例性的考虑。

◆ 管理指南

满足顾客需求，维系供应商关系

对管理者而言，团队工作的开展理当以识别顾客需求为切入点。顾客可能来自企业内部，是团队效力的或提供支持的部门；顾客也可能来自企业外部，是为团队工作“买单”的顾客。基本的营销知识有助于管理者获悉和满足顾客的需求，但这些知识并不是最重要的。最重要的是要做到与顾客展开对话和交流：倾听顾客的意见，理解他们的需求，从而确立工作的目标和着眼点。

为向顾客提供产品和服务，你需要从供应商处获得输入。同样，供应商可能来自企业内部，即负责企业流程前面环节的另一个部门；也可能来自企业外部，即你购买输入产品的外部供应商。如果你能学会清晰界定你的需求并且开发自己的有效谈判技能，那么无论哪种方式，都能使你如愿以偿。

展望未来，谋划变革

企业的不断壮大应当是经过管理层的深思熟虑，谋定而后动，步步积累和发展得来的。这也是企业为什么制定战略的原因。战略不仅为企业的发展确立了方向，同时也将企业内部的各股力量凝聚起来朝着目标奋进。因而，战略是具有前瞻性的。

在管理中，“战略”一词被频繁使用，大有“泛滥”之势。但这也从侧面反映了企业的发展得益于战略的制定。因此管理者不光自己应对企业的战略了然于胸，还应把这种理解和认识传达给自己的团队。你应为团队未来的发展设定愿景和方向，通常与宽泛的企业战略相关联。

未来愿景的实现需要管理者在部门现有的输入、输出、组织、流程和系统上不断做出改进。这并不是要求管理者成为组织、流程或系统的设计专家。但是，如果你对这些话题有个清晰的认识，你就会找到实现战略目标的思维方法，并且具备了参与有关这些话题讨论的能力。

实施改进

要实现改进首先得从改进工作方式入手。这些改进可以小至程序上的调整，大到企业流程、工具和组织结构上的彻底变革。

事实上，管理者可以借助各种管理工具来取得企业改进。大多数管理者并不需要成为精通这些工具的行家，但是对这些工具的基本认识仍是必要的。管理者必须有能力参与有关企业改进的探讨。在此推荐以下几种方法和工具：项目与变革管理，诸如精益生产和六西格玛管理之类的专业化方法。

管理者会迫于企业改革的精神压力而做出许多大的变革，但真正具有革新精神的团队决不坐等被改变，他们会主动寻求提升。因此，获得持续提升的关键在于团队对于变革的态度。管理者只有鼓励、提拔和奖励团队在每日工作中做出的点滴改进，持续进步的火苗才会越拨越旺。

制定规划、愿景和预算

企业工作的开展以年度为周期，每期的工作都是从为翌年做规划和预测入手。管理者的工作看似都是以这样的顺序展开：为次年制定规划，列出预计需要的资源，根据预测的结果制定预算。这个过程要求的是管理者的估算能力，即如果你计划做x、y和z，你将需要多少人员、资金和其他资源。

然而，这些过程中存在着一个错误。企业通常要求管理者将计划和预算制订得越准确、越详细越好，但正如我们在之前所讨论的那样：我们无法准确地预测未来。管理者年末准备开展的工作往往并没有在年初制订的计划中提及（除非你所处的企业状况异常稳定）。此外，管理者若要确保估算的准确性，还必须确保下列信息是无误的：你对企业的假设，计算参考的基准信息，编制预算的算法，以及对项目和变革的预期。

事实上，我们无法做到确保所有信息都准确无误。可为什么还要这样做呢？对管理者而言，最主要的原因在于“除此之外，别无他法”。工作的开展依赖于预算的编制。相比于每次开展工作都需申领资金而言，提前做好基准计划，只需适时进行调整显得容易和实际得多，而这也正是企业所期望的。

编制预算不仅涉及对未来的准确预测，还包括对期望的设定，以及获取资源支持。一项好的预算并不是一成不变的，它应当反映出你对风险的解析。你并不希望被预算所束缚，即在一年的执行过程中，保留你做出调整和更改的权利。

为获得一项预算，你必须为自己的需求给出令人信服的理由。但如果遭到否定时，千万别“不战而屈”。在预算这个环节绝不是管理者扮演良好企业公民的时候，因为如果你将自己的预算拱手让给其他团队，你不仅不会得到一声感谢，而且还会招致他人对你工作能力的怀疑。

没有得到所需预算所带来的挫败感可能会持续一年甚至更长时间。一般第二年的预算都是在前一年的基础上做出适当的调整。而当管理者接手一个新团队时，应当努力争取所有需要的预算，否则工作将会难以开展。这么做无关贪婪，只是出于对完成工作时可能发生的风险的考虑。

履行行政程序

当企业发展到一定的规模，行政程序就成了必不可少的部分。这类程序涉及的项目众多，包括财务、工资发放、各类人力资源活动，IT设备的配置和维修、休假管理、会议室的预定等后勤工作。大部分行政程序都被视为重要的、有价值的工作。但与此同时，行政程序也会滋生官僚主义。

多数情况下，行政程序在名义上是必须被执行的，但却也成为了管理者的负担。如果管理者将精力放在最大程度地执行行政程序上，则无暇顾及其他工作。因此，管理者应当清醒地认识到哪些事情是你必须做的，应达到怎样的质量标准，然后尽力去执行。同时，还应当学会掌控风险。

行政程序的另一方面则是确保程序得到遵从，例如，你可能需要确保每位员工保持良好的健康和安全记录。此时你面临的难题是：每一项行政程序的执行都会耗费宝贵的时间；但每一项被忽略的行政程序都将增加管理风险。

当你错误地判定某项程序不重要，而上级对此却十分重视时，你就会面临麻烦。事实上，只有在错误发生时，我们才会发现一些行政程序的重要性所在。就拿健康和安全的追踪记录来说，在正常情况下，这样的记录完全没有必要，但一旦发生问题，正确的健康和安全记录的缺失会将原本明朗的情况复杂化。

那么，你究竟应该怎么做呢？首先，你应当观察企业内部的其他管理者是如何处理的，借鉴有益的处理方法。但千万不要照搬他人的做法，也不要轻易地省略某些行政程序。否则，一旦发生问题，你可能就得承担所有的责任。

汇报和演示

所有管理角色都会涉及的方面就是汇报和演示。关于这一点的讨论，不是寥寥数语就可以概括的。

管理者既是信息的接收者也是信息的传播者，这一过程多数发生在非正式的情境下。但事实上，正式的业务汇报和演示才具有意义和价值，它们对于组织内信息和想法的收集和传播才是至关重要的。因此，你必须明确你该关注什么样的业务汇报和演示，以及哪些你需要提供帮助和支持。你大部分的时间会花费在这类事情上，因此，确定你自己那些业务汇报和演示的优先顺序显得格外重要。

业务汇报和演示决不仅仅是传播信息，它同时也是管理惯例。你汇报的方式、演示的频率、面向的听众和给人留下的印象对于你的职业生涯发展会产生重要的影响。当你的成功演讲被认为提供了有价值的信息时，当你的演讲吸引了台下具有影响力的听众时，你的职业生涯就会迎来又一次发展机会。

若存在以下情况，需更加努力

- 你并不全面了解自己的管理角色。
- 面对管理角色的多重性，你并不清楚如何按优先顺序处理。

◆ 管理者备忘录

- 面对需要完成的众多工作，管理者应当按照实用性、政治性和惯例性对工作加以区分。
- 明确自己在价值链中的位置——不仅要掌握顾客的需求，也要与供应商保持关系。
- 战略和变革的实施离不开管理方法和技巧的使用。通常情况下，你并不需要精于此道，但你应当具备参与管理讨论的能力。
- 即使存在缺陷，编制预算仍是重要的环节。尽全力去争取你所需的预算，否则你只能在来年留有“后悔”了。
- 在执行行政程序的过程中，你可能不得不偷工减料，但你需要先考虑一下自己可能承担的风险再做决定。
- 业务汇报和演示不仅是共享信息的好方法，更是影响你职业发展的基石。

Chapter 3
是非对错，道德规范与行为

◆ 关于什么？为何重要？

人们长久以来关注和争论着企业给个人、社会和文化带来的影响。以营利为目的的动机也一直受到人们的批评和指责。而近期，企业伦理问题日渐得到关注。无论人们对其关注程度是高还是低，企业总是被视为导致严重问题的根源，例如最近的世界经济衰退，企业伦理这一话题又成为大家关注的焦点。在大多数公司中，企业伦理和营利主义影响着公司的决策与行动。

有关企业伦理影响的一个显而易见的例子就是企业社会责任（CSR）。企业社会责任是指企业内部的一整套政策、规程和态度。它其实是企业的自我约束机制，这一机制的作用在于确保企业的行为符合法律、规则、道德标准和其他既定的行为规范。然而，企业社会责任的有效性和合理性仍然受到很大的争论，其中不乏批评：一些评论家认为，这一概念的提出只是企业伪装其商业行为符合道德规范的障眼法，实际上并没有任何改变。

大多数公司都尽力去遵守所有适用的法律和规范。守法守规固然重要，但对道德的遵守并不仅限于此。不难想象有许多情境是合法的，但却是不合乎道德规范的。一个简单实用的方式是把道德规范当作信仰来看待，即它会使你决定如何去行善，同时决定如何避免行恶。但这种简单且实用的评判标准有可能会招致争议，使你陷入复杂境地。本小节中，我的目的相对温和些，我将把伦理问题作为管理方式的一部分加以讨论。

◆ 管理者的目标

- 明确你自己和你企业的道德观，采取与之相符的管理行为和决策。
- 有能力处理道德困境。

实现目标过程中的常见问题

- 在日常工作中缺乏对伦理道德足够的重视。
- 对于利益相关者的界定不清。
- 有关利益相关者的利益错综复杂，且缺乏透明度。

◆ 管理指南

道德规范属于个人问题，尽管你的许多道德信仰基于你所处的社会环境和文化氛围，但是你的道德信仰是你自己的选择。在一个企业中，人们有着各种各样的道德信仰。一些信仰与你的信仰互补，一些信仰与你的信仰存在冲突。

道德规范在管理中究竟扮演着什么样的角色呢？在许多情境下，你所做出的决策和采取的行动都囊括道德要素。道德不仅与公平性、诚信度相关，也涉及对团队成员的权益的尊重和对他人利益的关注。你的行为会被判断为道德的或是不道德的。在某种程度上，你将为你的团队设定伦理情境。

在任何道德决策中，管理者不仅要深谙企业的规范准则，也要考虑企业所在的社会文化环境。如果雇主制定了一项企业社会责任政策，你就必须予以关注。对管理者而言，困难的是，在日常工作中如何理解企业既定的社会责任立场与预期的实际效果之间的关系。而这只能凭借经验来判断了。无论你的雇主站在何种道德立场，你都必须摒弃随大流的做法，不能“人云亦云”。你应当做出自己认为正确的道德决策。

道德规范一直被认为是不可违背的绝对规范，即不可触犯的戒律。然而这一信仰也渐渐地在发生着演变。比如，一些刻板的形式在一两代人之前被认为是可以接受的，而现在不仅在道德上而且在法律上再也不被接受。

约束性原则还是指导性原则?

一些活动会涵盖伦理维度，但是大部分活动是没有的。举一个简单的例子，当你踢足球的时候，是不存在伦理维度的。举个更加相关的例子，一些行业与道德密切相关，如医疗行业或慈善机构的工作。但是商业本身不存在道德或不道德，人们既可以通过不道德的方式从事商业活动，也可以为了弘扬道德去从事商业活动。

企业伦理责任一直是备受关注的话题。

有一种观点认为企业没有弘扬道德的责任。这种观点的支持者认为，道德规范固然重要，但却制约着企业的商业活动。这种思维方式表现在：只要不违反道德规范，我们可以做任何我们想做的事，因此我们不应该做x是因为它不符合道德规范。企业中的管理者普遍持有这种观点。当然，大多数人都认同企业和管理活动不应该涉及那些明显不符合道德规范的活动。

我们应该做y，因为它是符合道德规范的。这种观点的支持者认为，伦理是所有决策中一个重要的考虑因素。从历史的角度看，这种观点至今没有被广泛接受，它仍然是一个有争议的观点，但目前越来越多的人们开始支持这种观点，尤其在那些重视企业社会责任的企业中。

显然，管理者理应规避不道德的企业决策。但是，对于管理者来说，最具挑战的莫过于不折不扣地按照道德规范做决策。因为，按照道德规范行事不仅非常复杂，而且也十分艰难。

利益相关者及其利益

在概念上伦理与利益紧密相联。制定伦理决策要求你确定应考虑哪些人的利益，以及谁的利益更为重要。商业中经常出现的词是“利益相关者”，一个利益相关者其实就是一个你应该考虑其利益的个体或群体。

企业是一个利益交叉重叠的组织。简单来讲，作为管理者，你需要考虑五类利益相关者的利益：

- 你自己；
- 你的团队成员；
- 企业其他成员的利益；
- 顾客的利益；
- 其他利益（社会、环境等）。

你应当考虑多少利益相关者？伦理责任的本质究竟是什么？这些问题仍然是争议的焦点。例如，在制定决策时你可能会更多地考虑自己团队的利益，而忽略对社会整体的考虑。一般来说，企业的伦理责任边界无法被清晰划分。每一种情境都是独特的，至于谁的利益应该被考虑则完全取决于具体的情境。

处理道德困境

对于管理者而言，从伦理层面确定一系列行动方案的对与错是很困难的，但是真正的挑战却在于如何处理道德困境。道德困境发生于当备选方案中都存在正面的和负面的道德影响时，你必须评估出其中最优的方案。通常情况下没有正确的选择，只有最不坏的选择而已。

道德困境通常表现为不同利益相关者之间的利益冲突。为做出良好的道德决策，管理者首先应该了解其中的利益相关者有哪些，他们的利益分别是什么。

例如，困境往往发生于以下情境中。

- 当企业的经营活动与你的道德观相违背时，如你为鼓励现有供应商加大投入，而向他们暗示会有长期的合作机会，可是由于更低报价的供应商的出现，你被要求与现有供应商解除关系。
- 当企业利益与团队利益发生冲突时，如你被要求提升团队成员对企业的忠诚度，而同时意识到未来你可能需要裁员。
- 当企业的最优决策对其外在利益相关群体来说并不是最优的结果时，如你被要求将团队派驻国外，而你知道那会导致那个地区的就业问题。

对于这些情境问题的处理并没有普适的最佳答案。对管理者而言，对道德的考虑并不是小事，但也并非需要经常进行极其复杂的分析。偶尔在你的职业生涯中，你可能会面临真正深层次的道德挑战，但是这种情况很少。很多时候你只要凭借常识、实际经验和理性的判断就能做出好的道德决策。

若存在以下情况，需更加努力

- 在你的决策和行为中，只是遵循企业惯例，缺乏对道德因素的考虑。
- 你难以应对经常会遇到的道德困境。
- 你的企业处在由规避不道德行为向积极弘扬道德的行为的转变阶段。

◆ 管理者备忘录

- 伦理思维应该成为你管理决策和行为的重要部分。
- 道德规范可以被理解为一种行为约束性原则，也可以被理解为一种行为指导性原则。企业通常视其为约束性原则，但越来越多的企业把道德规范作为积极的行为指导性原则。
- 多数伦理问题源于不同利益相关者的利益冲突。

Chapter 4
实现卓越的职业生涯

◆ 关于什么？为何重要？

企业在招聘面试环节会提出这样一类标准化问题：“在未来的五年内，你有什么样的目标和规划？”“你想在事业上获得什么样的成就？”作为作者，尽管我并不认可这类问题的价值，但我确实能理解，这样的提问目的是想探测应聘者的职业愿景和成为卓越的动力。

事实上，实现卓越的职业生涯包含两个互相关联的方面：

1. 按管理者的要求提升自我；
2. 实现职业发展和晋升。

作为一名管理者，即使仅完成份内的工作，久而久之，你的管理技能也会得到提升。随之而来的，便是职业发展和阶段性晋升。管理者可以依靠良好的工作绩效获得晋升的机会，也可以通过周密规划谋求发展，这一方式比前者更易见效。

本小节为寻求职业成功的管理者提供一些建议。

◆ 管理者的目标

- ■ 不断提升管理技能，日臻完善。
- ■ 最大化职业晋升的机遇。

实现目标过程中的常见问题

- ■ 不了解如何寻求提升和发展。
- ■ 不愿调整自己的行为方式。
- ■ 错误地认为做好工作就会取得晋升。

◆ 管理指南

按管理者的要求提升自我

你可以通过阅读书籍、参加课程学习或与从业人员讨论来增加自己对管理的了解。但是管理者不是被教出来的，而是通过经验造就的。管理者需要处理人际关系和制定决策，这些都离不开基于经验的技巧。

本篇第一节探讨了有关优秀的管理者应具备的特质。管理者的自我提升不仅需要经验，还要对何谓“优秀”有着清晰的认识。针对管理者如何提升自己，使自己做得更好，下面给出了一些宝贵的建议。

■ 自我反思：回顾一下自己工作中有哪些方式提升了成效，而哪些则不然。由于我们总是能轻易观察到他人的缺点，而很难注意到自己身上的不足，所以，提升自我最大的动力就是坦诚地进行自我反思。

■ 观察：注意观察其他管理者在做什么，并且对于有些管理者高效而有些则低效做出评价，复制有效的行为并非是件令人害臊的事，那些高效的做法值得我们去复制和模仿。

■ 倾听：要乐意倾听他人的意见。管理者应定期寻求他人对自己的优缺点评价。你可以运用组织现有的工具，如360度反馈。在获得意见后，管理者需注意两点：不要忽视那些“逆耳”的评价；审慎地评价这些反馈之后，再决定是否采纳。

■ 选择需要改进的行为：整合你的反思、观察、反馈及从书籍等其他途径获得的教训，然后决定你将做出哪些改正。此时需要注意两点：不要认为做出改变会无益于自己；不要试图马上改正所有不足。管理者可以首先着手于那些会对自己绩效产生影响的事情。不用担心自己不完美，毕竟人无完人。成功的管理注重的是每次做到点滴的提升，而不是要求即时完美。

■ 尝试改进管理方式：将所选改进方面付诸实践。把行为改进当作一次实验。有的实验奏效，有的则不然。当有的改进取得了成效并且你开始习惯之后，就可以关注下一两件能改进的事情。

■ 开展有风险且艰巨的活动：奋力迎接挑战。管理者并不总需要冒风险，但承担适当的风险是必要的。谨慎选择这样的工作。处于压力之下的管理者也是学到最多的人。如果你选择过比较安逸的生活，这也无可厚非，但你不可能学到更多，进步更多。轻松、稳定的工作虽充满吸引力，但却无法从中学到更多。

■ 愿意调整自我：任何时候你都要明确自己所处的情境，并且适时调整自己的行为以适应该环境。因此，切记过去成功的“信条”在新情境下未必适用。虽然“不断塑造你自己”这句话略显老套，但仍非常有益。企业环境瞬息万变，你必须去适应它。

■ 把时间用在“刀刃”上：时间对于管理者而言是最宝贵的资源，不容浪费。因此，要将时间花在“刀刃”上，放在那些可以为企业带来价值的活动上，放在你可以学习的事情上，放在可以增加你晋升机会的事情上。从你获得的成果来评价自己是否成功，而非你忙碌的程度。

■ 管理你的自尊心：说到学习，你的自尊心便是你的敌人。自尊心会使你变得自负，而不愿倾听，也不愿接受负面的反馈。不仅如此，自负会使我们畏于尝试，过多地担心自己是否会出洋相。

职业发展和晋升

职业进步似乎越来越困难。企业里上有老资格的老员工，下有才华横溢和踌躇满志的新员工，而自己却被尴尬地夹在其中。现实是残酷的，退休年龄越来越晚，每年都有大批掌握更新技能的毕业生涌入就业市场。更重要的是，管理者不断面临由于成本效益和裁员带来的压力，因为这意味着自己随时都会被淘汰。

无论你有多资深，你也需要不断提升和强化自己的管理技能，这会有助于你职业生涯的快速发展。要想成功，你就必须尽力做好每项工作。当然这还不够，因为晋升并不是对好绩效的奖励，你的工资单及其他合同规定的职责才是你的奖励。你得到升迁是因为企业需要一个更高层的管理者，而你是填补该空缺的最佳人选。

真正成功的管理者善于规划自己的职业发展，以下是给你的相关建议。

■ 出色的工作需要受到关注：从职业发展的角度来看，如果上层没有意识到你所做的工作，即使工作完成得再好，也毫无意义。也就是说，应该尽力让更具实力和影响力的领导关注到你的工作。

■ 超越角色为企业增值：管理工作固然忙碌，但在日常的工作之外，如果你能为企业看得更远一点，想得更多一点，那必是企业最需要的人才。当然，这是建立在不影响日常工作的前提之下的。

■ 保持工作中心：管理者的工作应当紧紧地围绕企业的核心方面展开。对于企业的外围工作，可以尽心尽力，但除非它是企业的核心，否则你做得再好也不会得到应有的奖励。

■ 朝着下一个工作目标努力：你被提拔之后，人们会根据你胜任新工作的能力进行评判。如果作为更高层面的管理者，你的表现被认为是合适的，他们就会对你做出积极的评判。

■ 观察那些受到提拔的同事：你会发现有些同事并不如你聪明有才，工作也不如你出色。不必为此叹惋，而要善于从他们身上去发现促使他们成功的因素。有时，是他们的运气使然，但多数情况下是他们的成绩受到了关注，而你没有。

■ 设定期望：明确自己渴望得到晋升。企业可能更乐意你做好当前的工作，如果你不提出晋升要求的话，可能提升的事永远都不会轮到你。

■ 满足众多利益相关者的需求：你不可能做到使人人满意，但除非你有一个庞大的赞助商，否则你只满足一个人是远远不够的。你需要与利益相关者建立良好的关系，获得更多的支持者。

■ 扬长避短：努力强化自己的优势，而不要试图“面面俱到”，把每件事都做得尽善尽美。然而为了得到提升，有些能力对于管理者而言是必须具备的，即便无法做到，也应努力培养。努力改进那些阻碍自己进步的缺点，但没有人是擅长一切的。既然我们难以对行行精通、对事事了解，不妨从自己的长处入手，做到扬长避短。

■ 平衡通识技能与专业技能：你的工作要求广泛的技能。对于最高层管理者，通常的要求是尽可能“样样通晓”。但你的价值是基于一两项专长，如果掌握了稀缺急需的管理技能，那你就会因此获得最高嘉奖。然而，从长远来看，掌握通识技能要比掌握特殊技能更加重要。

■ 培养一两个接班人：管理者要避免表现出是当前职位的唯一人选。如果对于现在的职位，你越是显得不可或缺，那么就可能越难得到提升。为了消除这一风险，管理者需从团队中训练并培养出一位有目共睹的继任者，让他来接替你的职位。

■ 需要耐心等待升迁的机会，但不是无限期的等待：如果一旦没有得到预期的晋升就选择跳槽，这样没有耐心的做法是管理者的大忌，未来定会有更高的升迁等着你。但如果这样的职位始终没有出现或再也无法为你空出，那就是时候“另谋高就”了。如果你没得到升迁的话，你可以向上司询问缘由，而如果上司无法就最近一次没有给你提升给出解释，也没有告知为了下一次的升迁你应怎么做时，你就可以选择离开了。

■ 谨慎选择自己的工作角色：面对众多的工作任务，不要“来者不拒”。选择性地担起可以直接或间接地帮助你实现晋升目标的工作角色。此外，适合你能力和性格的工作角色会让你发挥得更加出色。管理者在第一次接手工作时很可能会不知所措，不妨先选择一项看起来可以胜任的工作，尽管可能并不是你理想的工作，但可以学着上手。下一次，从第二项工作开始，努力去发掘能给你带来益处的工作。

若存在以下情况，需更加努力

■ 你的管理技能只局限于固定的几个。

■ 你的职业生涯并没有像预期的那样发展。

■ 你只是停留在偶尔学一点，并没有持之以恒。

◆ 管理者备忘录

■ 提升自我反思、观察和倾听反馈的能力，充分利用所获信息，据此适度修正自己的行为。

■ 只有当你出色的工作受到关注才会有助于你的发展。

■ 最成功的管理者善于经营自己的职业生涯。

第九篇　不断发展的管理者

这是本书的最后一篇。之前的内容描述了如何成为一名优秀管理者的方法，每一节都会聚焦于一个具体的管理领域。本篇远离了这些具体的内容，而是以更加综合的视角探讨你作为一名管理者如何实现个人的发展。

学习如何做一名管理者的过程是永无止境的，你总是在边学习边发展。

本篇第一节便解释了如何在企业内部搬救兵。因为只要你知道如何去获得帮助，那么你会发现你能得到的帮助远比你想象的要多得多。

但是帮助并不仅仅来自组织内部。第二节介绍了如何从组织外部获得帮助和建议。

第三节着眼于管理者可用的工具，以及使用这些工具的方式。许多非常有用的管理工具，只有当你使用它们时，它们才会为你所用。

最后一节，基于第八篇的第一节和最后一节的讨论，探讨了个人绩效考核问题。这不仅仅是一个你必须经历的企业惯例，而且也是塑造你的职业生涯和取得成就的一种重要机制。

Chapter 1

帮助就在你的身边

◆ 关于什么？为何重要？

成功人士总是能够表现出自给自足。在许多情况下，自给自足的能力是一种非常有用的天资。作为一名企业的管理者，人们总期望你通过形成独立自主的工作能力，展现你的工作独立性。但是，企业组织的重点在于通过整合其内部资源作为一个整体共同参与工作来达到共同的目标。所以，帮助不仅仅是可以获得的，它也是企业的一个重要特征：组织内的成员彼此互相帮助。不然的话，就没有必要那么费劲地在一个组织中工作了。

然而，不同的管理者在寻求和利用他人帮助的能力上却是大相径庭的。成为成功管理者的关键部分取决于你个人的技能和能力。同时，还应包括寻找并利用组织中的知识及资源来支持你达到目标。

帮助可以是口头上的：评论、建议、推荐、指导、提示和意见。它能够为你提供你本没有的资源。帮助对你的团队来说至关重要。你角色的一个重要方面是营造一个能让团队茁壮成长的良好环境。如果你能鼓舞团队成员互相帮助，形成一个良好的团队文化，那么你的团队就更有可能会茁壮成长，同时你也可以确保团队成员能够获得他们工作所需的资源。

◆ 管理者的目标

- 获得你和你团队实现目标所需的资源。
- 营造一个团队成员能够相互协作的工作环境。

实现目标过程中的常见问题

- 无法明确什么资源是可用的。
- 不能充分理解团队成员所需要的帮助。
- 不愿意去寻求各种来源的帮助。
- 其他管理者或其他团队不愿意帮助你或你的团队。

◆ 管理指南

企业中的很多人都能够为你提供帮助，他们有些是你的团队成员，他们可能知道那些你不了解的事情；有些是你的上司，他们拥有你所没有的宝贵经验；有些是你的同事，他们拥有对你有用的想法和工具。更重要的是，企业中存在着能够帮到你的专家，如HR、IT和财务人员。

只要你知道如何去获取资源，无论预算多么紧张，总能发现闲置在其他部门或上级部门的一些额外的资金。企业中也会有一些并不忙碌、有时间帮助你团队的人存在。企业中存在着广泛的可用资源，从培训课程到会议室再到其他设施。

大型企业中可用资源的清单长之又长。要获得这些资源首先需要了解哪些资源是可用的，或者拥有一个能够在你需要帮助时给予你正确引导的可靠的人际关系网。

资源丰富的管理者

资源丰富的管理者有着多种特征。通常，他们有着庞大的人际关系网。事实上，发展人际关系网的一个主要原因是获得你所需要的帮助。在寻求帮助方面，资源丰富的管理者颇具创造力。他们寻求帮助的态度是积极的、富有弹性的，不会因为在开始寻求帮助时遭拒绝而气馁。资源丰富的管理者也是谈判专家，他们理解请求遭拒的原因，并会给出有效的反驳观点。

最成功的资源丰富的管理者也是深受欢迎的。这使得人们更加愿意倾听他们的要求，并且在他们寻求帮助的时候乐意助一臂之力。

为什么人们愿意帮助你

寻求你所需的帮助和资源的最佳切入方式就是去思考为什么人们会愿意帮助你。在企业中，这个问题很好回答：为你提供帮助是他们的工作。在某些情况下这是正确的，但是如果你这么想的话会让你裹足不前。许多有用的知识和资源并不属于你的权利范围，可能你与其他的管理者和团队之间还会存在对这些资源的争夺。

当人们认为向你伸出援手是值得的时候他们就会帮助你。这部分意味着你需要解释清楚帮助你对整个企业的价值。但从更加个体的层面上讲，你要确保让潜在的帮助者相信在他需要你帮助时他也会反过来得到你的支持。这需要你对帮助他人这件事持开放、积极的态度，同时也需要你拥有对他人有用的知识或资源。

当然，如果人们都很喜欢你，你就会发现寻求他人的帮助会简单得多。这个观点看起来好像是陈词滥调，但人们的确愿意为他们喜欢的人付出时间、提供支持。在工作中发展与他人友善的人际关系，与使得工作环境变得更加愉悦一样，也会有利于构建有效的人际关系。

寻求帮助

为了最终获得帮助，你需要首先寻求帮助。有一些寻求帮助的方式是比较行之有效的。通常在寻求他人帮助的过程中你必须是坚定而自信的，但这并不意味着你就要变得令人讨厌。无论你何时寻求他人的帮助，都要先想一想以后你可能会再次寻求其帮助。因此，必须指出：在寻求他人帮助时始终保持礼貌的态度至关重要。然而，你也必须对自己面临的情境及你打交道的人的特质进行判断。在争夺资源的论战中嗓门最大的那个人并非总是胜利者，但有时嗓门最大确实是有用的。

理想情况下，请求帮助应当合乎时宜，即你应当在不打扰他人工作的情况下，向他人请求帮助。遗憾的是，在很多情况下你对帮助的需求往往很紧迫。因此，当你构建你的人际关系网时就为你有朝一日可能会寻求帮助而设定预期。

当寻求帮助的时候要明确你所需要的支持，对于提供帮助的人来说，不清楚或模棱两可的帮助请求令人沮丧且毫无效率。

互帮互助的团队文化

关于帮助的最后一点是要营造团队成员相互支持的工作环境。你可以通过以身作则，经常性地帮助团队成员，你可以通过塑造你想要的行为来实现这一目标。同时，褒奖那些互帮互助、足智多谋以及开发对他人有价值的团队成员。但是，要提醒人们虽然互帮互助的行为值得称颂，但是它不应当以未能完成其自己优先级别的工作为代价，它们需要在两者之间找到平衡。

若存在以下情况，需更加努力

■ 你无法获得信息或资源以完成你的工作。

■ 你虽努力但未能从组织中的其他成员处获得帮助。

◆ 管理者备忘录

■ 在企业中通常存在着大量可支持你完成工作的可用资源——假设你了解它们并且知道如何获取它们。

■ 当你需要帮助的时候，获得帮助的基础是一个良好的人际关系网。

■ 在寻求帮助之前，思考潜在助人者为何会愿意或拒绝提供帮助。基于他们帮助你的意愿消除他们拒绝帮助的阻力，考虑一些对应的观点或方法。

■ 营造一种团队成员互相帮助的文化。

Chapter 2

向组织外部延伸

◆ 关于什么？为何重要？

管理，作为一种人们对之进行思考、谈论、写作的话题，已经有很长一段时间了。管理不仅仅是一门学科，它也是一个有很多专门针对管理者的产品与服务的市场。本书就是专为管理者创造的一个产品。通过向组织外部延伸，你会发现丰富的信息、建议、工具以及支持的来源。

当你选择外部资源时，在你倾听或投入资金和时间的时候要有选择性。有些产品和服务其实很有用，并且是免费的，或者是物有所值的；而其他的一些产品和服务则就非常昂贵，并且对于你的技能提升或进步的作用微乎其微。

寻求独到的见解往往是值得的。如果你向他人学习的话，你会学到与他们相同的技能。但如果你想让自己脱颖而出，那你就需要开发一些独一无二的技能。

管理具有时尚性，因此需要加以特别关注。有些管理潮流稍纵即逝，而另一些则成为对于未来的新思考。如果你没能与时俱进，及时了解有关管理中具有持久趋势的见解和术语，那你就会显得有些落伍。一些管理潮流具有深远的意义，但一些只是给旧思想贴上了新方法的标签而已。

一些像全面质量管理以及企业流程再造之类的话题曾经就是潮流。但现在很少有管理者会谈论有关质量圈的话题了。但是如果你在它们刚刚出现时就予以关注，人们就会向你寻求帮助。如今，质量嵌入式工作以及顾客导向的企业流程等想法已经成为人们习以为常的概念了。

有些管理者并不愿意投资于外部资源，因为他们觉得培训应该是其雇主的事，更何况他们在工作或考虑工作的事情上已经花费了足够多的时间了。这些观点确实有道理，你的上司确实应该为你的职业发展做投资，而且你也应该保持工作—家庭平衡。但是话说回来，这可是你的职业生涯，你才是受此事重要影响的唯一对象。比如，你可能需要开发你雇主并不感兴趣的技能。除此之外，当今世界充满竞争，你可以不想为你的职业发展投入更多的时间，但是如果你的同事为其职业发展投入了时间而你却没有，那么你将处于竞争中的劣势地位。

◆ 管理者的目标

- ■ 找到广泛的外部支持去帮助你履行自己的职责并在事业上取得成功。
- ■ 及时关注管理中出现的新见解。

实现目标过程中的常见问题

- ■ 寻求大量可获得的产品及服务的意识不够。
- ■ 对外部资源投资时间和金钱的意愿不够。
- ■ 研究和确定合适的外部资源的时间把握不够。

◆ 管理指南

外部教练、导师及顾问

一个获得对你职业生涯支持和帮助的最明显和最有效的方式莫过于拥有一个或多个教练、导师和其他顾问。这些个体不一定是你组织的成员。如果你阅读一些企业成功人士的自传，你不难发现他们会提及对他们成功起到关键作用的人物。通常，这个关键人物始终是该个体的支持者，即便个体改变了其工作角色或更换了雇主。

如果你是一名高层管理者，你的组织可能会为你找一名教练。如果你有这个机会，请尝试。然而，在选择他人作为你的教练时不妨挑剔一些。尽管教练的方法和技巧在某种程度上似乎相当一致，但实际上教练的能力差异是很大的，你需要找一个能与你很好地协调工作的教练。

课程和认证

市面上有成千上百种不同的认证和资质，尤其涉及具体的部门和角色类型时的认证更是五花八门。对于一些职务（财务顾问、会计师等等），一定水平的资质认证是强制性的。但对于管理者来说，一般不需要资质认证。

如果你对企业运作和管理生涯感兴趣，那么从获得一些相关学位入手是有益的，而你可以选择的资质就是MBA。

攻读MBA的三个理由：

- 开发各种有用的技能以帮助你扮演好管理角色。
- 开发一个进行职业联系的关系网。
- 作为区分你和其他潜在雇员的标记。

如果你正在考虑攻读MBA，在进入这个过程时你必须睁大眼睛，仔细思考。因为攻读MBA课程会是昂贵的、耗时且耗精力的。它可以非常有助益，但是许多管理者希望读了MBA课程就能立竿见影地改变其职业生涯，那他们就不得不感到失望了。

MBA课程的质量和可信度喜忧参半。顶尖学校的MBA常常是很有价值的（虽然目前这些学校因为与被人们认为是导致目前经济危机的重要商业领袖的关系而贬值），而一些不那么知名的学校的可信度较低。在这些学校中学习MBA课程，你可能会学到切实有用的知识，但是你获得的这个MBA资质的本身，不会成为你获得更多机会的敲门砖。

社团和协会

为管理者成立的社团和协会有很多。在英国，最著名的管理者协会是特许管理协会（我是其附属机构的一名成员）。这些机构提供信息、网络，组织活动，提供各种支持以及不同水平的会员资格及认证资格。

我们正步入一个认证的时代，在这个时代拥有一个专业社团的会员资格越来越重要。但是管理相对于诸如工程和动物医学来说还有很大差距，这些专业中相关机构的会员资格对从业人员而言至关重要。加入管理协会很大程度上取决于管理者个人的选择，你需要决定你是否喜欢诸如此类的事情，以及你是否会从中获得价值。当申请某个职位时，专业认可度可能在区别你和其他的候选人方面会起到小小的作用，但它不会成为你获得该职位的一个非常显著的能力因素。

网上资源

成千上万个网站为管理者提供信息、观点和资源。但是这些网站并不是固定不变的，每时每刻都有新网站出现，其中我也参与了一些网站的建设。以下推荐一些有用的网站：

1. www.businessballs.com
2. www.thinnkingmanagers.com
3. www.management-issues.com
4. www.management.about.com
5. www.themanager.org
6. www.managementhelp.org

许多企业管理的分析人员会发博客，这是你可以花费少量时间及时了解行业新动态的一个极佳途径。大多数大型咨询机构和企业服务组织也会提供许多有用的网上信息，而且有的还提供文章和论文。

杂志

期刊杂志，无论是在线或是印刷版都是使自己及时了解当代管理思想和读书报告的有效途径。有成百上千种杂志，在此我选择了其中的三种作为有用的参考资源。

1. 《今日管理》（*Management Today*）
2. 《哈佛商业评论》（*Harvard Business Review*）
3. 《国际管理杂志》（*International Journal of Management*）

第一种是一个优秀的定期期刊，涵盖了大量的商业运营评论、观点和最新消息；第二种是世界著名的商业杂志，许多具有影响力的管理趋势起源于该杂志并在该杂志上展开分析。第三种是学术期刊，可能不是每个人都喜欢此类杂志，但是如果你对学术研究感兴趣的话，它便是一个很好的来源。

书籍

你不能仅从书本上学习管理，但是书籍能给你提供一个正确的方向，引导你成为一个完美的和经验丰富的管理者。对于书籍的选择取决于个人对写作风格的偏好。我选择了一些我认为是有用的和提供独到见解的，并且与本书内容相关的书籍，而不只是罗列成百上千本管理类书籍。其中一些并不属于管理类书籍，尽管很浅显，但它们都是很有助益的。

1. Marcus Aurelius,《沉思录》（*Meditations*）（本书第七篇的引用来自Penguin出版社，2004，由Maxwell Staniforth翻译）

2. Chris Blake，《决策的艺术：如何在不确定的条件下进行管理》（*The Art of Decisions: How to Manage in an Uncertain World*）（《金融时报》Prentice Hall出版社，2008）

3. Eliyahu M. Goldratt，《什么是制约理论以及它是如何被应用的？》（*What Is This Thing Called Theory of Constraints and How should It Be Implemented?*）（North River Press北河出版社，1990）

4. Daniel Goleman，《情商：为什么它比智商更重要》（*Emotional Intelligence: Why it Can Matter More Than IQ*）（Bantam Books斑塔姆出版社，2006）

5. Owen Hargie（编辑），《沟通技巧手册》（*The Handbook of Communication Skills*）（Routledge出版社，2006）

6. Ros Jay，《如何管理你的上司：发展完美的工作关系》（*How to Manage Your Boss: Developing the Perfect Working Relationship*）（Prentice Hall Business出版社，2002）

7. Linda A. Hill，《成为一名管理者：新任管理者如何处理关于领导力的挑战》（*Becoming a Manager: How New Managers Master the Challenges of Leadership*）（Harvard Business School 出版社，2003）

8. Henry Mintzberg，《实施管理》（*Managing*）（Financial Times Prentice Hall出版社，2009）

9. Richard Newton，《金融时报概述：变革管理 》（*Financial Times Briefings: Change Management?*）（Financial Times Prentice Hall出版社，2011）

10. Jo Owen，《现代管理的灭亡：如何在一个新的无序的世界中进行领导 》（*The Death of Modern Management: How to Lead in the New World Disorder*）（John Wiley，2009）

11. Peter S. Pande and Larry Holpp，《什么是六西格玛？ 》（*What Is Six Sigma?*）（McGraw-Hill出版集团，2002）

12. Steven D' Souza，《绝佳的人际网络构建：最佳的人际网络者知道什么、说什么和做什么（*Brilliant Networking: What the Best Networkers Know, Say and Do*）（Prentice Hill出版社，2011）

13. Robert C. Soloman，《商业伦理》（*Business Ethics*）（由Peter Singer编辑，Blackwell出版社，1993）

14. Nassim Nicholas Taleb，《被随机性所愚弄》（*Fooled by Randomness*）（Penguin出版社，2007）

15. Paul R. Timm，《如何组织成功的会议：有效会议的30个行动要领》（*How to Hold Successful Meetings: 30 Action Tips for Managing Effective Meetings*）（Career Press出版社，1997）

16. Marcel van Assen，Gerben van den Berg和Paul Pietersma，《重要的管理模型：每个管理者需要了解的60多个管理模型》（*Key Management Models: The 60+ models every manager needs to know*）（Financial Times Prentice Hall出版社，2009）

17. John Whitmore，《绩效辅导：逐渐增长的人类潜能和动机——辅导和领导的原理和实践》（*Coaching for Performance: Growing Human Potential and Purpose—the Principles and Practice of Coaching and Leadership*）（Nicholas Brealey, 2009 ）

若存在以下情况，需更加努力

■ 你觉得自己需要帮助，但你对组织中提供给你的帮助不够满意，而你自己不知道应该去哪寻求帮助。

◆ 管理者备忘录

- 有许多以管理者为目标市场的产品和服务，包括管理教练、培训课程和资格证书、社团和协会、在线资源、杂志和书籍。
- 为了扩展你的职业发展，并使自己脱颖而出，你必须探索并利用这些产品和服务。
- 谨慎做出选择，有些资源是有用的，但是有些资源是昂贵的并且对你的职业生涯发展作用不大。
- 关注管理的最新思想，它们可能会是未来趋势或时尚的核心，它们可能稍纵即逝。

Chapter 3
管理工作的工具

◆ 关于什么？为何重要？

管理者可以运用一系列的工具来更加有效地扮演好其角色。本文从最宽泛的意义上运用“工具”一词，它包含了信息、培训课程、治理流程、报告以及方法论和管理模型。（我也可以用“资源”这个词，但是这个词似乎同人力资源以及金钱联系得更紧密，在本书的其他章节已经涉及，所以此处不再赘述。）

一些工具对于你扮演好自己的角色至关重要。其他的工具是可选的也是明智的选择，因为它们会使得你的生活变得更轻松自如。有些工具则不建议使用，因为掌握这些工具的成本比其本身带来的利益更高。

你的组织会直接把一些工具提供给你，或者这些工具会作为一种运营过程中产生的副产品出现在你面前。然而，许多工具则需要你自己去获得。获得正确的管理工具是需要付出巨大的努力的：例如，收集有助于你正确决策的信息就可能是非常繁复的事情。管理工具的获得可能意味着资金投入，但更多的时候它需要你的时间投入。举例来说，确定一个能帮助你理解以及克服你所面临的问题的模型就需要花费很多时间。

◆ 管理者的目标

- 了解管理者可获得的一系列管理工具。
- 选择最佳工具进行学习并掌握。
- 充分利用这些管理工具。

实现目标过程中的常见问题

- 始终坚持使用自己熟悉的管理工具。
- 坚信自己所处的情境是独特的，并且认为适用于其他情境的工具并不适合自己的情境。
- 不能得到有关工具以及如何去获得这些工具的信息。
- 不愿意在最有效的管理工具上投资时间和金钱。

◆ 管理指南

专业技能

自从18世纪亚当·斯密的《国富论》问世以来，人们普遍认识到高效率企业的核心特征就是基于专业技能的劳动专业化。对管理者来说，专业技能的广度和深度很难穷尽。像管理顾问、会计师、律师、健康和安全专家等都能协助你解决几乎任何问题。

每次在遇到自己解决不了的问题时就去雇用一名专家显然是不切实际的。但出于某些必要的或实际的考虑，有时你确实需要掌握额外的专业技能。

在聘请外部专家之前，千万不要低估自己的能力、你团队成员的能力，以及组织中其他的可用资源。寻找足够的专业技能通常意味着需要深入挖掘组织内部的资源。除此之外，你也需要努力去挖掘自己的潜力。你可以从书籍、期刊，尤其在线网络获得大量这方面的建议。

然而，我把许多这些建议称之为“显性知识（know-what）”。“显性知识”指的是事实、数字、信息和数据。通常你真正需要的是“隐性知识（know-how）”。“隐性知识”指的是方法、有用的经验和实现目标的能力。仅仅通过阅读是无法获得隐性知识的。

管理信息及测量方式

管理依赖于信息。信息指导决策制定，测量进程并引导管理活动。没有足够的信息，你工作就没有方向。

你有许多信息渠道。有些来自管理报告，其他的则涵盖在你的日常工作中。大多数企业拥有一系列的信息系统。充分利用你所获得的信息。然而，你不能仅使用很容易获取的信息，片面地认为这些就是所有的信息。

有效管理需要充足的信息。这些信息必须是精准的、及时的、频繁的。如果你认为自己在决策制定或了解情况方面都还比较欠缺，那么投资于改进信息质量是值得的。但你必须实际一点，因为获取信息是有成本的，并且你也永远不可能获得真正完整的信息。

收集和分析的信息类型不应该是固定不变的。当你改变工作方式时，你通常需要调整你所收集的信息和测量标准。你的评价和决策都取决于测量标准，这些将影响团队行为和绩效。正如一句老话所言：种瓜得瓜，种豆得豆。

模型及管理理论

管理实践促进了各种管理理论和模型的发展，这些理论和模型提升了管理者的工作意义和绩效。一些来自于管理领域的研究，比如说波特的五力模型、价值链、平衡记分卡和SWOT分析；一些来自于其他学科，但可以应用于管理领域，比如说马斯洛的需求层次理论、贝尔宾的团队角色分析理论和德博诺的六个思维帽等。

有关管理的模型和理论林林总总（本书参考文献罗列了很多涵盖这些模型和理论的书籍）。有些管理模型和理论非常有解释力，并且也很有用。总有一个模型或理论能够应用于你作为一名管理者所面临的大多数问题。但在应用中应注意以下两个方面：

1. 管理模型或理论并非自然法则。它们能够引导人们的思维，但无法在任何情境下提供绝对真理。

2. 大多数管理者知道有许多理论和模型，但是在实际应用中却很少参考这些工具。如果你从不打算使用这些理论和模型，那对它们进行投资就毫无意义！

轶事、直觉、启发法和假设

如果你拥有了专业技能、充足的信息和正确的管理理论和模型，你就具备了合理且有效管理你团队的基础。但实际上，在工作中你必须经常处理轶事性信息、使用基于启发法（大拇指法则）的直觉、假设和心智模型。

这并不是你管理方法中的弱点，而是必不可少的管理特征。如果你经常需要做决策，每天要做出上百个决策，每次你都要收集准确的信息，应用最合适的管理工具或算法，那你很快就会停滞不前，因为你根本做不到。

显然，依赖直觉和轶事会有风险。但是随着经验的增长，你区分轶事与传闻的能力会提升，你的直觉也会提高。通过不断的实践，你能凭直觉做出更好的判断。

基于直觉的心智模型、启发法及假设的问题在于，它们中的很多都具有情境特定性。随着时间的推移，你会发现你慢慢地远离自己熟悉的情境。你需要常常充实和更新所应用的心智模型、启发法及假设。理想情况下，你有意识地检查自己的心智模式、启发法及假设，这样当需要它们的时候你就可以对它们进行修改和充实。随着直觉变得根深蒂固且潜移默化，要做到这一点就会变得非常困难。

管理及治理流程

当组织和团队超过一定的规模时，一定形式的管理和治理流程就成为必要，如决策制定及审批流程、核查，定期团队会议和报告等。这些流程可能会形成正式的描述性文件，但通常它们是被非正式地嵌入于组织行为和文化之中。

作为管理者，你必须融入更加广泛的组织管理及治理流程中去，同时你也会有你自己的管理及治理流程去控制整个团队的运作。这样的流程是必要的，但它们很容易变得官僚、耗时并且没有附加值。你需要将你的流程设计成轻触式的、灵活的以及有附加值的，并且试着去影响组织中的其他人也这么做。

权力、影响力和关系

管理者的指导、授权或决策能力其实就是一种权力，这种权力是与管理者所处的管理层级相联系的。除此之外，管理者还能从其他方面获得权力，例如你的专业技能或你对资源的控制力。

正如我们之前讨论的那样，你拥有的权力往往比你所期望的要少，有时甚至比你觉得你应有的权力还少。通过权力控制他人的一个替代品就是使用你的影响力。你有多大的影响力取决于人们对你的感知以及你施加影响力的方式。你影响他人能力的一个重要方面是你与他人的关系。这种关系有助于你更好地了解并获得你和你团队所需的资源和工具。

培训

工作中尤其在新任管理者中间讨论最多的话题就是培训。你和你团队成员需要不断地去发展自己的技能。这种技能是无法通过从事企业日常工作来获得的，所以你们需要偶尔参加培训。

培训有多种形式，包括在职培训，即在不同的岗位间进行轮换，或者改变你在工作中的角色去从事一个不熟悉的项目。培训也可通过辅导和听取专家建议的方式。然而，对大多数人来说，培训就是坐在教室或车间里听培训课程。

毫无疑问，培训是非常重要的。但是对培训过多的投资也是一种浪费。只有当培训过后你的行为方式有所改进，这样的培训才是有价值的。如果培训课程结束后你没有任何的改变，那么你就得不到任何有价值的东西。仅仅参加一次的培训是不可能带来行为的实质性改变的，还需要加以强化和实践。

正式的培训课程给学员提供了技巧，同时也提供了构建强大的同事关系网络的一个机会。从长远来看，培训课程的最大价值就在于它们强化了这种关系网络。培训课程往往被视为一种额外津贴，参与公司提供的培训课程意味着对某种积极行为或优异绩效的奖励。对很多员工来说，提供培训机会绝对具有激励作用。

时间

唯一你可以自由支配也是最可能发生冲突的最有价值的资源就是你的时间。管理者有大量的工作要完成，而完成这些任务的时间远远不够。以下是有效利用时间的几个步骤：

1. 关注具有附加值的方面。
2. 优先排序。

3. 最小化多任务处理。

4. 授权。

5. 工作设计。

关注具有附加值的任务。每个人可能都会陷入一些或紧迫或有趣的活动中而无法自拔。紧迫不能与重要相混淆。许多看似紧迫的任务其实是可以被忽略的。试想，你回复的多少紧迫邮件事实上是些烦琐的小事，是可以被忽略的呢？你的角色理应令你感到愉悦，但是许多让你享受工作过程的活动并非总是重要的。

优先排序是至关重要的，概念上很好理解，但操作起来非常困难。但是通过实践，它会变得越来越容易操作。许多人认为他们确实进行优先排序了，但是效果欠佳。对于优先排序的一个简单原则是，在优先排序后，你停止了什么活动？如果回答说没有，那么你就没有有效地优先排序。

管理本质上是一个多任务处理的角色。但除非必要，你不必给自己增加任务。当你必不得已时，去完成多重任务，但是不要去选择那么做。如果可能的话，尽量去完成单项任务而不是多任务处理，因为处理多项任务的效率远低于处理单项任务。

仅仅因为有任务需要完成，并不意味你就需要亲力亲为。你需要做的是确保高质量地完成重要任务。这就是正常的管理活动。你有一个团队，所以你需要将工作授权给你的团队成员。团队成员会很愿意做许多你揽在自己身上的工作。

随着你逐渐开始熟悉自己的角色，你会发现你工作中存在低效的方面。不要无动于衷。你应该考虑如何设计并改进你和你团队的工作，使之变得更加有效。这样的改善对于企业的可持续发展至关重要。

若存在以下情况，需更加努力

■ 你缺乏工作所需的工具或资源。

■ 你正纠结于如何扮演好某一管理角色，而你的同事却驾轻就熟地做到了。

■ 你的团队成员抱怨他们不得不使用工具来完成工作。

◆ 管理者备忘录

- ■ 对管理者来说有一系列的工具和资源可供使用。有些工具和资源是重要的，其他的则会让你的生活变得更加轻松自如。但是你只需要对那些有价值的且有助于你角色发展的工具和资源进行投资。
- ■ 为了最优化你的绩效，仔细考虑你需要什么工具以及你可获得哪些工具，尽可能地找到你获得这些工具的方法。

Chapter 4 利用你的年度考核

◆ 关于什么？为何重要？

在大多数组织中年度考核或多或少的是组织的一个正式仪式，它是组织的一个惯例，具有非常重要的意义。你会对你团队每个成员做年度考核，但是本小节将关注你上司对你的年度考核。

年度考核可能会以官僚主义的形式走过场而没有实效。它或者给人们带来恐惧和厌烦，或者当人们获得奖励或晋升时，它会令人激动万分。从某种程度上讲，年度考核的效果不受你控制。不同组织对于年度考核的重视程度不尽相同。所有的企业都强调考核非常重要，但是在实际应用中还是存在天壤之别：有的组织把年度考核当作一年中的一个重要事项；而有的组织则将年度考核作为对所做决定进行的书面确认。此外，评估的价值取决于你上司在评估过程中所持态度的严肃程度及付出的努力的程度。正如我们之前探讨的那样，很多上司是有缺点的，其中一个突出的缺点就是对年度考核的不重视。

年度考核应该是一个非常重要的过程，无论你的组织和上司的态度如何，你都应该尽可能充分利用好年度考核。为了充分利用好你的年度考核，你需要通过积极管理考核过程而不是作为被动的接受者去接受它。

年度考核分为两个阶段，每一个阶段都至关重要。第一个阶段是回顾过去一年里你的绩效表现。它是决定奖励和晋升的关键因素，也会影响对你下一年的预期。第二个阶段是展望未来一年你应实现的目标。这个过程将确定你任务的挑战性和可达到性，也会影响未来提供给你的机会。

◆ 管理者的目标

- 依据绩效评估及未来目标，从你的年度考核中获得最佳的个人成果。
- 利用年度考核过程以增强你与上司之间的关系。

实现目标过程中的常见问题

- 对于考核过程的努力太少，年度考核被视为强制性的且缺乏关联性的一系列步骤。
- 年度考核拖到最后一刻才处理，导致没有充足的时间收集数据进行考量和评估。

◆ 管理指南

准备工作

准备工作首先应从了解考核流程和相关文件资料开始。每个组织都有其自己的考核流程和行为及目标的评价标准。为了填写考核表必须收集许多数据和资料。数据一般并不复杂，但是需要花费大量时间去收集。如果把所有的收集工作都拖到年终进行，那么原本一个轻而易举的过程就会变得格外烦琐复杂。

这个过程必须按照进度表来推进或分时段完成。通常，你需要将你的年度考核结果，至少对于未来目标的设定，传达给团队成员。只有当你的目标确定之后才能确定他们的目标。诚然，这需要耗费时间，如果你有一个庞大的团队，那么后勤工作会非常复杂。如果你在开放式的办公区域工作，那么你还得考虑预订会议室。这些事听起来很琐碎，但是如果企业中的每个人都在同一时间进行年度考核的话，你可能还需要有人帮你预订会议室。所以，早做准备是有益的。

对于你自己的考核，有必要了解从会议中你希望得到什么以及为达到这一目的你需要做什么。你需要考虑的结果包括：

确认你认为合理的奖励和晋升。

了解你可以改进的方面，以及你需要采取的改进步骤。

将你的期望和目标与你上司的保持一致。你希望获得什么？对下一年目标的实际期望是什么？

提出并确认具体的要求，比如培训及发展。

阐释并获得你完成工作所需的支持和帮助。

进一步增进你与上司之间的理解。

这是一年中你与上司在一起工作最集中的时间，所以是加深你与上司关系的好机会。年度考核应该成为你与上司之间进行对话和充分倾听对方的极佳时机。

绩效评估

为了从绩效评估中获得最佳结果，你需要讲述关于你绩效表现的积极的故事。理想的情况是，上司对你这些故事已经熟悉和并且很认同。绩效评估并不是制造惊喜的时机，它应该是你与上司之间的一段具有建设性和有助益的对话。你应该提前对对话的基调有一个预期，而你上司不会对你预期的结果感到惊讶。

在准备绩效回顾的过程中，要牢记大多数绩效评估的项目都是相对的，并不是绝对的。你会被与其他同级的群体做比较。他们是谁以及他们的绩效如何？如果你是个有抱负的人，你会希望自己的绩效排名在前四分之一。如果你不是那么有抱负，你也会希望自己的绩效排在前半部分。如果很长一段时间你的绩效表现都排在最后几名，那么你将面临被裁员的风险。

不要在考核开始之前的前几周才开始考虑你绩效评估的问题。在整个一年中都要常常思考这个问题，确保你达到了自己的目标。当你很忙的时候你很容易忘记这些目标。多问一问自己，你在忙碌的事情能使你实现确定的目标和绩效指标吗？如果不是，有没有其他帮助你达到目标和绩效指标的工作可以做？

当你很出色地帮他人完成了一项工作时，请求他们在你的绩效评估中添加一笔备注。拥有一些对你绩效有着积极评价的支持者对你来说会很有帮助。相反，如果你感觉你无法达到目标，提前给上司打好预防针，降低他对你的预期。

目标设定

对之前的绩效表现进行评估之后，大多数年度考核就会进入到制定及实现来年的目标。不同的组织对于目标设定的态度是不同的。在有些组织中，你的目标会涵盖所有你应扮演的角色。在其他的组织中，做好你的日常工作是理所当然的，而你的目标则是除了日常管理工作外，需要有效完成“延伸的”目标。

无论企业对目标的看法如何，你都应该仔细思考并充分协商。现在给你设定的目标将是你下一年绩效评估的基准。要确保对于目标的措辞清晰准确。不要因为你和上司能够很好地理解彼此而让这个目标的措辞变得不那么严谨。如果中途换了领导，你的新上司可能只会根据书面设定的目标对你进行考核。此外，如果你的绩效表现背离了所设定的目标，你就会得到差评。因此，你必须确信这些目标是你能够达到的。

你的上司希望通过你的目标实现来实现他自己的目标。上司会希望你去实现一些看似颇具挑战性的目标，但你却希望去实现那些你资源和能力所及的目标。只要你们花时间和精力相互理解对方，这些目标就不应该是相互冲突的。如果你的上司坚持给你设定非常苛刻的目标，那你就提出获得完成目标所需的资源以及更好的奖励和晋升机会，作为达到这些目标后的回报。

最后一点，目标被设定好之后，你就应该认真思考如何去达到这些目标，从长期的职业生涯发展来看是很有益的。职业生涯发展很少是一帆风顺的，在你前进的道路上会出现些许偏差，这是很正常的。但是在一般情况下，你会希望绩效目标能够引领你朝着你职业生涯发展的方向前行。

若存在以下情况，需更加努力

- ■ 你对年度考核还未做好准备。
- ■ 你经常对上司给你的绩效评估结果感到惊讶。
- ■ 你没有明确的目标，或者这些目标与你实际扮演的角色没有多大关系。

◆ 管理者备忘录

- 年度考核过程有两个组成部分：一是回顾过程，这个过程涉及评价你在过去时间里的绩效表现并与奖励和晋升相联系。二是展望过程，这个过程涉及制定下一年的绩效目标。
- 使绩效评估进展顺利的关键是你为此所做的准备及对评估过程的理解。
- 在一年的过程中，经常检查自己朝着目标努力的情况，并且收集信息，为年末的绩效评估提供支持。
- 花时间探索并充分协商你能达到的目标。

结 束 语

企业经营的业务不尽相同，但是所有企业都是基于团队而创建的，而团队是需要管理者来管理的。在任何情形下的最佳管理形式都有赖于团队成员、团队任务以及管理情境。但是，对于一些通用的管理工具和技巧，每个人都可以通过学习来掌握。为了有助于你发展，本书探讨了以下方面内容：

什么是管理，这个职业是否适合你；

了解团队的需求和期望；

通过管理团队取得进步：从发挥团队的核心作用开始，到将团队发展成一个高效的团队；

在组织中构建强大的人际关系网络；

作为一名管理者你需要从事的一系列事情；

如何使自己成长为一名能力非凡的管理者；

获得建议和帮助的其他途径。

好的管理对于一个成功的组织来说至关重要。但是我们常常没有给予管理应有的重视。管理被视为理所当然，只有当它发生错误时才受到关注，被指责为万恶之源。

或许这是因为管理是一项一旦出错就极易被察觉的活动。好的管理往往不被注意，出色的管理者驾轻就熟地进行着管理。管理能够达到如此的境界是需要付出认真、执着的努力的。成为优秀的管理者需要时间的磨砺，但每个人都有能力成为优秀的管理者——如果你愿意努力发展成为其中一员。

管理作为一门公认的学科并不是什么新鲜事，从管理学中你可以探索和挖掘很多知识，但归根到底，我们无法通过单纯的阅读书籍或参加课程来学习管理，它是通过实践而习得的。请采纳本书和其他途径提供的建议，将其付诸行动！只有将这些建议、技巧、工具和见解以及从经验中所学到的东西应用于实践，才能使你成为一名优秀的管理者。

我想强调一个贯穿于本书的观点，即对于一名管理者而言，没有终点，即没有在哪个时间节点你可以通晓一切，总有许多东西需要你去学习。当然，在职业生涯初始阶段，学习的弧线是呈陡峭型的。当你新担任管理岗位时，不要让刚开始的几个月（许多人觉得颇具挑战性）把你打垮，你值得付出努力，逐渐地你会感到轻松自如些。另一方面，如果你是一名经验丰富的管理者，不要因为对自己目前能力的自信而影响你再学习的欲望，要知道人无完人。一直变化着的企业的需求、预期和环境不断给管理者带来新的挑战，而应对这些新挑战乃是最令人兴奋的管理部分。

祝你的管理生涯好运！无论你是一名初出茅庐的管理新人，还是一名经验丰富的资深管理者，我衷心希望你的职业生涯蒸蒸日上，我也衷心希望你会发现本书的价值而爱不释手。

1.

作为管理者，在日常工作中你会遇到一些重大挑战，而《管理秘籍》一书为你提供了应对这些挑战的极佳方法。其中包括：

如何领导团队创造佳绩；

如何在团队中准确自我定位；

如何增强团队凝聚力；

如何领会上司的意图；

如何吸引并激励团队成员；

如何使团队会议更加有效；

如何有效地确定优先级；

如何应对变革；

如何直面管理中的困难和矛盾；

如何应对风险；

如何塑造自己的领导风格；

如何做好团队的绩效评估。

2.

在这个竞争日益激烈的世界，我们坚信，只有善于思维的素质才会给你带来得天独厚的优势：一个开阔新视野的想法；一项攻克难题的技能；一份对事物独到的洞察力。你的知识越丰富，你就会变得越睿智，你的发展潜力也就更大。

这就是我们选择与商界和金融界精英合作的原因，目的在于向全球市场提供最前沿的思想和最佳的学习实践。通过一系列的优秀读物，包括《金融时报》（Prentice Hall），我们创造世界顶级印刷出版物和电子出版物，向读者传播可应用于学习或工作的知识、技能和见解。

如果你想了解更多关于Pearson教育出版社的信息，你可以告知我们你需要的书籍，或者你可以访问我们的网站：www.pearson.com/uk。

3.

Richard Newman是一名拥有25年丰富的直线管理和管理咨询经验的资深管理者。2005年，他创立了Enixus公司，旨在提供管理咨询和临时性管理服务。他在世界各地工作过，其中包括英国、德国、意大利、澳大利亚、美国、新加坡、马来西亚和哈萨克斯坦。迄今为止，Richard已经撰写了七本书，其中包括《有关变革管理的“金融时报”短评》（*FT Briefing on Change Management*）、《项目管理》（Project Management）、《管理顾问及项目经理实务一览》（*The Management Cunsultant and the Project Manager's Book of Checklists*）。他的书被译成13种语言出版或正在出版。

Richard拥有机械工程和经济学学位，以及软件工程和哲学证书。

4.

所有管理挑战最快捷周全的解决方案。

《管理秘籍》涵盖了作为一名管理者在日常工作中最有可能面临的诸多问题，阐述了如何在各个管理领域使你和团队的绩效实现最大化，从而使你的管理达到预期效果。具体包括以下几个方面：

管理者目标；

达成目标过程中的常见问题；

对问题的概述及其含义；

关注这些问题的时间节点；

结果导向的行动一览表。

《管理秘籍》结构清晰、通俗易懂、实用性强。作者实事求是地揭示了管理的真正本质，并给出了有效管理的金玉良言，你会发现《管理秘籍》是你的良师益友从而对它爱不释手。

“该书以一种极具可读性、即时消化且可直接应用于职场的方式呈现了非常重要的知识。”

Marian Lauder MBE FCMI，Alto42有限公司董事

“该书以短小精悍的模块方式针对如何当好一名管理者给予了极其重要的指导。非常有益、中肯、实用。”

Jim Laybourne，高级执行官和前陆军军官

“该书是管理者通向成功的最佳最全面的线路图，她立足于现实生活，独立于理论的条条框框。”

Chad Raube，公司董事和风险投资家